Erfolgreiche Führung im 3. Jahrtausend

Lizenz zum Wissen.

Sichern Sie sich umfassendes Wirtschaftswissen mit Sofortzugriff auf tausende Fachbücher und Fachzeitschriften aus den Bereichen: Management, Finance & Controlling, Business IT, Marketing, Public Relations, Vertrieb und Banking.

Exklusiv für Leser von Springer-Fachbüchern: Testen Sie Springer für Professionals 30 Tage unverbindlich. Nutzen Sie dazu im Bestellverlauf Ihren persönlichen Aktionscode C0005407 auf *www.springerprofessional.de/buchkunden/*

Jetzt 30 Tage testen!

Springer für Professionals.
Digitale Fachbibliothek. Themen-Scout. Knowledge-Manager.

- Zugriff auf tausende von Fachbüchern und Fachzeitschriften
- Selektion, Komprimierung und Verknüpfung relevanter Themen durch Fachredaktionen
- Tools zur persönlichen Wissensorganisation und Vernetzung

www.entschieden-intelligenter.de

Springer für Professionals

Alexander Höhn

Erfolgreiche Führung im 3. Jahrtausend

Führen – Handeln – Verantworten

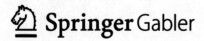

Alexander Höhn
Münchenbuchsee, Schweiz

ISBN 978-3-658-02457-4   ISBN 978-3-658-02458-1   (eBook)
DOI 10.1007/978-3-658-02458-1

Die Deutsche Nationalbibliothek verzeichnet diese Publikation in der Deutschen Nationalbibliografie; detaillierte bibliografische Daten sind im Internet über http://dnb.d-nb.de abrufbar.

Springer Gabler
© Springer Fachmedien Wiesbaden 2013
Das Werk einschließlich aller seiner Teile ist urheberrechtlich geschützt. Jede Verwertung, die nicht ausdrücklich vom Urheberrechtsgesetz zugelassen ist, bedarf der vorherigen Zustimmung des Verlags. Das gilt insbesondere für Vervielfältigungen, Bearbeitungen, Übersetzungen, Mikroverfilmungen und die Einspeicherung und Verarbeitung in elektronischen Systemen.

Die Wiedergabe von Gebrauchsnamen, Handelsnamen, Warenbezeichnungen usw. in diesem Werk berechtigt auch ohne besondere Kennzeichnung nicht zu der Annahme, dass solche Namen im Sinne der Warenzeichen- und Markenschutz-Gesetzgebung als frei zu betrachten wären und daher von jedermann benutzt werden dürften.

Lektorat: Stefanie A. Winter

Gedruckt auf säurefreiem und chlorfrei gebleichtem Papier

Springer Gabler ist eine Marke von Springer DE. Springer DE ist Teil der Fachverlagsgruppe Springer Science+Business Media
www.springer-gabler.de

*Unsere tiefgreifendste Angst ist nicht, dass wir ungenügend sind, unsere tiefgreifendste Angst ist, über das Messbare hinaus kraftvoll zu sein.
Es ist unser Licht, nicht unsere Dunkelheit, die uns am meisten Angst macht.*

*Wir fragen uns, wer ich bin, mich brillant, großartig, talentiert, phantastisch zu nennen?
Aber wer bist Du, Dich nicht so zu nennen?*

*Du bist ein Kind Gottes.
Dich selbst klein zu halten, dient nicht der Welt. Es ist nichts Erleuchtetes daran, sich so klein zu machen, dass andere um Dich herum sich unsicher fühlen.*

Wir sind alle bestimmt zu leuchten, wie es die Kinder tun. Wir sind geboren worden, um den Glanz Gottes, der in uns ist, zu manifestieren.
Er ist nicht nur in einigen von uns, er ist in jedem einzelnen. Und wenn wir unser Licht erscheinen lassen, geben wir anderen Menschen die Erlaubnis, dasselbe zu tun. Wenn wir von unserer eigenen Angst befreit sind, befreit unsere Gegenwart automatisch andere.
Marianne Williamson (1993)

Vorwort

Knapp 20 Jahre begleite ich Unternehmen und Führungskräfte bei ihrer Entwicklung. Dieses Buch bündelt die gewonnenen Erkenntnisse anhand konkreter Beispiele aus gegenwärtigen Organisationen im deutschsprachigen Raum. Erstes Ziel ist es, eine lebendige Navigation zu sein – eine lebendige Navigation durch den herausfordernden, unternehmerischen Alltag, und zwar für Unternehmer und Führungskräfte, die sich, ihr Team und ihr Unternehmen nicht nur effektiv steuern, sondern wirkungsvoll beeinflussen wollen. Dazu braucht es zweierlei: Mut und Herzblut, sich auseinanderzusetzen – mit sich und anderen.

Diese Schrift skizziert eine Führung, die Führung bejaht, dies jenseits der alten Denkmuster.

Ein weiteres Ziel ist es, in lebendiger Sprache moderne, autoritative Führung vorzustellen – eine kognitiv-emotionale Navigation, die sich mit der geschilderten Praxis verbindet.

In diesen Ausführungen werde ich aus der eigenen Führungs- und Beratungsperspektive berichten, meine Erfahrungen nutzen, meine Rückschlüsse offenbaren und meine Vermutungen und Hypothesen zur lebhaften Diskussion stellen.

Hier werden praktische Erkenntnisse formuliert und pragmatische Strategien beschrieben, um eine leistungsdifferenzierte Kultur zu initiieren und dauerhaft zu implementieren – aus Führungssicht mit so wenig begleitender Beratung wie möglich.

Das Thema der ebenbürtigen, selbstverantwortlichen Führung, die autoritativer Führungskräfte bedarf, ist nicht nur ein Überlebensthema in globalisierten Zeiten, es ist vielmehr ein gesellschaftlich und politisch hoch relevantes Thema: Das Bewusstsein der kohärenten Verantwortung auf der kognitiven wie der Ebene innerer Haltung bedingt selbstverantwortliche Kooperation, Motivation und Leistung. Dieses Bewusstsein verabschiedet sich aus allen Opfer-Perspektiven, autoritären Paradigmen und provoziert demokratisches Denken; es ist vernetzt, nachhaltig, kooperativ und partizipativ.

Dies zu vermitteln liegt mir am Herzen. Über einen regen Austausch mit meinen Lesern freue ich mich sehr.

Der Einfachheit und der Lesbarkeit halber ist das Buch ausschließlich in der männlichen Form geschrieben. Dies bedeutet die Einschließung von Frauen und Männern.

Diese Arbeit wäre nicht möglich gewesen ohne die Unterstützung von zahlreichen Menschen:

An erster Stelle möchte ich meine Frau Esther nennen, die mir als Führungskraft, Partnerin und Mutter lebendiges Vorbild ist, wie sich Herzensgüte mit klarer Effizienz zu verbinden vermag.

Meine Mitarbeiterin Beate Pawle, die mir mit herrlicher Pragmatik, herzlichem Feedback und unkonventionellem Leistungsvermögen eine unverzichtbare Stütze war, ist und hoffentlich noch lange sein wird.

Erwähnung muss mein alter Freund Daniel. F. Pinnow finden, der mir mit seiner Treue und Redlichkeit und seinem leidenschaftlichen Mut seit vielen Jahren zur Seite steht.

Herzlicher Dank gebührt unserer Freundin Ursula Bucher, die mich mit „Lektoratskompetenz" unterstützte.

Zum Abschluss ist mir ein Dank ein besonderes Herzensanliegen: Meinem Lehrer (und Professor) Peter Müller-Egloff verdanke ich viel. Mit unendlichem Humor zeigte er mir, welche Wirkung sich hinter liebender Konfrontation verbirgt und half mir, erkannt zu werden.

Ich wünsche Ihnen Freude und Herausforderung beim Lesen!

Inhaltsverzeichnis

1	**Einleitung**	1
	Literatur	2
2	**Prolog – Gegenwart und Zukunft von Führung: zehn Thesen**	3
3	**Theorie und Praxis – Von der inneren Haltung zur äußeren Wirkung: von der Selbststeuerung zur Organisationssteuerung**	5
	3.1 Führung und Change: Fusion zweier am Markt konkurrierender Unternehmen aus dem Verkehrsmanagement	8
	3.1.1 Status quo	8
	3.1.2 Entwicklungsperspektive	10
	3.1.3 Beratungsstrategie	13
	3.2 Teamsteuerung: Formierung eines Hochleistungsteams aus dem Bereich des Bankwesens	43
	3.2.1 Status quo	43
	3.2.2 Entwicklungsperspektive	45
	3.2.3 Beschreibung der Beratungsstrategie	46
	3.3 Entwicklung der Unternehmenskultur: Unternehmensübergabe in einem Handelsunternehmen	57
	3.3.1 Status quo	57
	3.3.2 Entwicklungsperspektive	58
	3.3.3 Beschreibung der Beratungsstrategie	59
	Literatur	79
4	**Theorie**	81
	4.1 Von der Gehorsams- zur Verantwortungskultur	81
	Literatur	90

5	**Veränderungsprojekt – Der Verlag der NORDSEE-ZEITUNG im Wandel**	**91**
	5.1 Status quo	92
	5.2 Verlauf – neun Episoden	94
	5.3 Interviews	105
	Literatur	122
6	**Epilog**	**123**
	Literatur	124
7	**Entwicklung zum gegenwärtigen Führungsparadigma**	**125**
	7.1 Teamentwicklung „live"	125
	7.2 Start eines Veränderungsprozesses	142
Weiterführende Literatur		**149**

Einleitung 1

Die Wahrheit ist dem Menschen zumutbar.
(Bachmann 2011)

Was Führung heute bedeutet – vom „patriarchalen" zum „systemischen" Paradigma: Vernetzung, Ebenbürtigkeit, Verantwortung
Führen heißt Macht ausüben. Macht ausüben heißt eine Differenz herstellen, eine Entscheidung treffen und verantworten. Durch die Entscheidung der Führungskraft kreiert sich der Rahmen von Zustimmung und Freiraum. Hier entsteht Entwicklung (Baecker 2009).

Die Ära des „patriarchalen" Führungsstils, die Kultur „ewiger Gewissheiten" neigt sich dem Ende zu. Die Generation des klassischen alten „Handwerksmeisters" oder Firmenchefs hat „ausgedient", ein Generationenwechsel steht an. Voller Respekt und manchmal auch Bewunderung können wir auf die alten Tugenden blicken, Mut, die eigene Wahrheit auszudrücken, sich zu positionieren, protestantische oder aus der katholischen Soziallehre stammende Werte selbstverständlich zu leben: Loyalität zu treuen Mitarbeitern, soziale Verpflichtung, die Identifikation mit dem Produkt und den Menschen, die es herstellen und kaufen.

Die dunklen Aspekte des autoritären Paradigmas – bedingungsloser Gehorsam, Rituale der Unterwerfung und Infantilisierung der Mitarbeiter – sind immer noch weitverbreitete Erscheinungen in Unternehmen.

Das bedeutet: In einer komplexen, vernetzten Welt benötigen wir Mitarbeiter, die selbstverantwortlich ihre Ressourcen engagiert zur Verfügung stellen.

Dies ist innerhalb einer autoritär geprägten Kultur nicht möglich: Die Angst vor Fehlern und das Vermeiden von Konflikten bestimmen den Führungs- und

Teamalltag gerade in Situationen, die von Widersprüchen und Spannungen gekennzeichnet sind.

In den letzten Jahrzehnten fand eine notwendige Auseinandersetzung mit den autoritären Seiten unserer Führungs-Vergangenheit statt. Dies führte zu grundsätzlichen Zweifeln an der Notwendigkeit zu führen sowie zu einer Bevorzugung „teamorientierter-kooperativer" Führung.

Notwendig ist ein leistungsorientiertes Führungsbewusstsein, das die Trennung zwischen „Gefühlsmanagement" und „Inhaltsmanagement" aufhebt und einen Führungsstil praktiziert, der das eigene „Selbst-Bewusstsein" an erste Stelle setzt, also:

- Sich von sich führen zu lassen (Selbstkompetenz), das heißt Verantwortung zu übernehmen für die eigenen Gefühle, Strategien und Verhaltensweisen und den Moment der „Inneren Haltung" in den Blick zu nehmen: die zentrale Bedeutung für „leistungs- und entwicklungsorientierte" Führung nach innen und außen.
- Das Wissen, dass fokussiertes „Inhaltsmanagement", Zielorientierung, inhaltliche Positionierung, dialektische Auseinandersetzung, Formulierung von Zweifeln, also leistungsorientierte Auseinandersetzung, erst vor dem Hintergrund „selbstverantwortlichen" Handelns ihre volle Wirksamkeit entfalten und zu brillanten Leistungen führen.

Um diesen Bewusstseins-Quantensprung ist es praktisch noch defizitär bestellt in deutschsprachigen Unternehmen.

Literatur

Bachmann I (2011) Die Wahrheit ist dem Menschen zumutbar: Essays, Reden, Kleinere Schriften. Piper Taschenbuch, München
Baecker D (2009) Die Sache mit der Führung. Picus, Wien
Williamson M (1993) Rückkehr zur Liebe: Harmonie, Lebenssinn und Glück durch „Ein Kurs in Wundern", 5. Aufl. Goldmann Verlag, München

Prolog – Gegenwart und Zukunft von Führung: zehn Thesen

2

> *Wer ein Leben rettet, rettet die ganze Welt.*
> Aus dem Talmud

Die folgenden Hypothesen versuchen den zu beobachtenden Wandel – unternehmerisch, wirtschaftlich, gesellschaftlich – zu fassen. Das Unfassbare soll erfassbar gemacht werden.

Es macht mir Freude und weckt stets aufs Neue meine Neugierde, die Veränderungen in Unternehmen und Organisationen, ob der zu konstatierenden Erscheinungen des Wandels, zu beobachten.

Deshalb beginne ich meine Ausführungen mit einigen Hypothesen, von denen ich ausgehe und die meinen Ausführungen zugrunde liegen.

▶ **These 1** Die Welt, als gesellschaftliche Gemeinschaft und als Wirtschaftsraum, vernetzt sich immer mehr.

These 2 Die steigende Vernetzung provoziert Kooperation, gegenseitige Hilfestellung, Solidarität und transparente Klärung gegenseitiger Bedürfnisse und Erwartungen.

These 3 Das Bewusstsein, als Individuum ein integraler Bestandteil eines großen Ganzen zu sein, ist inzwischen weniger esoterische Plauderei als wissenschaftliche Erkenntnis.

These 4 Die Kultur der Verantwortung grassiert dementsprechend: Modelle und Paradigmen, die der Ausbeutung, Abspaltung (in gut und böse, schwarz und weiß, hochwertig und minderwertig etc.) das Wort reden, gelten – ihrer Wachstum und Überleben entgegengesetzten Wirkung wegen – immer mehr als Anachronismus.

These 5 Die Kultur der Verantwortung konstituiert sich ökologisch und nachhaltig: Die Dichotomie aus Mensch und Umwelt hebt sich auf.

These 6 Der Mensch übernimmt aufgrund dieser Erkenntnisse Verantwortung: dinglich und ideell, für seine Handlungen und die Handlungen bedingende „Innere Haltung". Orientierungspunkt ist die Korrelation aus Wirkung und Bedürfnis/Erwartung des Individuums, der Gruppe, des Unternehmens.

These 7 Diese Konstitution manifestiert sich im Handel und in den Unternehmen, die den Handel organisieren – das bedeutet einen Abschied von misanthropischen Menschenbildern und patriarchal/matriarchal geprägten, geschlossenen Systemen – hin zu vernetzten, philanthropischen, der Selbstverantwortung geschuldeten Denk- und Handlungsgebäuden, die sich der Transparenz und ganzheitlichen Verantwortung und Nachhaltigkeit stellen.

These 8 Daraus resultiert eine Selbstdefinition des Menschen, die der Ebenbürtigkeit, der ganzheitlichen Verantwortung, der Beteiligung (politisch, wirtschaftlich, gesellschaftlich) – also einem demokratischen Paradigma – zustrebt.

These 9 Die Systemtheorie spricht von selbstreferenziellen Gesetzmäßigkeiten lebender Systeme, das erklärt paradoxe Wirkungsweisen: Die Auflistung der Thesen ist keineswegs idealistisch gemeint, eher deskriptiv.

These 10 Das heißt, abhängig von der Perspektive, lassen sich gegenteilige Phänomene auf allen Ebenen beobachten: Nichtsdestotrotz ist meine Interpretation der Wirklichkeit, dass eben dies die formulierten Thesen bestätigt, gar ihre Wirkung zu forcieren vermag.

Theorie und Praxis – Von der inneren Haltung zur äußeren Wirkung: von der Selbststeuerung zur Organisationssteuerung

Kultureller „Change" in Organisationen
In diesem Teil erhalten Sie einen kurzen Überblick über Veränderungen der Führungsparadigmen der letzten Jahrzehnte. Es wird aufgezeigt, was Führung nach heutigem Stand bedeutet – welche Haltungen dem neuen Führungsstil zugrunde liegen.

Wie kann eine Auseinandersetzungskultur installiert und ein Verantwortungsrahmen geschaffen werden, denen Selbstverantwortung und Feedback zugrunde liegen?

„Kommandieren, kontrollieren, korrigieren", dieses Leitmotiv direktiver, autoritärer Führung war eben nicht nur Leitmotiv militärisch geprägter Organisationen, dieses Leitmotiv war und ist ebenso Leitmotiv leistungsorientierter, ökonomisch handelnder Organisationen mit komplex-kreativem „Antlitz".

Autoritäre Grundannahmen basieren auf misanthropischen Menschenbildern, die ihrerseits mit einem Blick auf Theologie, Kirche und europäische Ideengeschichte erklärbar sind. Stichworte hier sind: Protestantismus mit seiner Idee des von Gott legitimierten Fürsten, der Idee des guten Patrons, dem die Kinder bzw. die Mitarbeiter verpflichtet sind. Eine Zuwiderhandlung ist gleichgesetzt mit einer Auflehnung gegen Gott – nach Luther.

Dass der Mensch grundsätzlich zu faul zur Arbeit ist und zum Tun getrieben und dementsprechend kontrolliert werden muss, diese Mär ist kulturanthropologisch widerlegt.

In Zusammenhang vernetzter, sich stetig verändernder Märkte wandeln sich unser kulturelles Verständnis und unser Führungsverhalten geradezu „revolutionär". Dies steht sicherlich im Gegensatz zu einer Vielzahl von Erfahrungen und Bewertungen, die Mitarbeiter in gegenwärtigen Unternehmen machen.

Dies ist systemisch zweifelsohne erklärbar:
Die Verteidiger gegenwärtiger Führung repräsentieren eben eher „altes Entitätsdenken", machiavellistisch, egozentrisch, intransparent. Also „teile und herrsche" – die Schattenseite alter Führung. Die Sonnenseite wird repräsentiert durch den guten, fürsorglichen „Herrscher" oder Patron. Dass Leistungsfähigkeit ganz anderen Motiven zugrunde liegt, ist heute wissenschaftlich in aller Munde (Systemtheorie, Neurowissenschaften) und wird von vielen „Leadern" als Erkenntnis aufgenommen, allerdings im Mehltau des täglichen Change-Managements häufig zäh im Transfer. Alte Gewissheiten suchen nach neuer Bestätigung, und neue Erkenntnisse benötigen Mut, Disziplin und Beharrlichkeit, um erfolgreich umgesetzt zu werden.

▶ **Wie lautet das gegenwärtige Paradigma einer vernetzten Organisation?**

Dem gegenwärtigen Kenntnisstand folgend bedeutet Führung, dass grundsätzlich dem Wachstum zugeneigte Menschen selbstverantwortlich handeln, nach Zugehörigkeit streben, sich beteiligen und schöpferisch tätig sein wollen. Dies bedeutet:

einen Rahmen zu verantworten, der Menschen nicht deformiert, d. h. sie ihrer Selbstverantwortung nicht sukzessive beraubt, sie also nicht „verkindlicht" (der alte patriarchale Deal: Versorgung gegen lebenslange Loyalität = Unterwerfung), einen Verantwortungsrahmen zu schaffen über Sinn, Inhalt und unternehmerisches Ziel, also für eine klare, sinnstiftende Orientierung zu sorgen, einen Verantwortungsrahmen zu kreieren über eigene Vorstellungen, Regeln und kulturelle Bedingungen, d. h. Beteiligungskultur, Feedback- und Auseinandersetzungskultur, den Fokus auf dezidierte Selbstverantwortung („50-%-Axiom") zu legen, sich zu positionieren und so die Verantwortung der Mitarbeiter maximal zu entwickeln – durch definierten Freiraum und Auseinandersetzung (positive Konfliktkultur!).

Leistungsorientierte Führung bedeutet – von einem Standpunkt der Ebenbürtigkeit -, meine Führungsverantwortung durch inhaltliche und kulturelle Positionierung voll auszufüllen und den Raum für selbstverantwortliche Beteiligung maximal zu entwickeln.

Dementsprechend gestaltet sich die „Lernende Organisation" (nach Senge (2009)) als ein klar geführter Raum Ebenbürtiger in differenter Verantwortung, jenseits von „ranks and titles", sozialer Klassierung und ego-orientiertem Gebaren – als Vision.... Und „Meta-Kognition" als Prämisse erfolgreicher Führung – sozusagen als Bewusstseins-Voraussetzung.

3 Theorie und Praxis – Von der inneren Haltung zur äußeren Wirkung

„Ewige Wahrheiten" und „Gewissheiten" weichen vernetzter Hypothesen-Bildung mit dem Wissen subjektiver Bewertung:

▶ Hier entsteht der Auslöser neuen Denkens!

Ich führe mich im Bewusstsein meiner individuellen Erfahrung, meiner Bewertungen, meinen zugrunde liegenden Werten und den daraus resultierenden Gefühlen. Diesen Komplex nennen wir Intuition.

Als Korrektur, Ergänzung, Komplettierung und zur Synergie-Bildung benötige ich die Bewertung und die Intuition meines Gegenübers und der anderen, um zu einer möglichst differenzierten Sicht der Welt zu gelangen.

Lebenden Systemen liegen systemische Gesetzmäßigkeiten zugrunde, Selbstreferenz (= Selbstbestätigung) und Autopoiesis (= Selbsterschaffung) sind Gedankengebäude, die der Monokausalität ursächlichen Denkens gegensätzlich sind.

Das heißt für die Führung einer Organisation:

Gezielte Steuerung zur größtmöglichen Selbststeuerung führt zu höherer Wirkung. Achtung vor der Selbstverantwortung lebender Systeme, das heißt ihrer Interpretation der Wirklichkeit; Bewertungen, Erklärungen, Gefühle – von der subjektiven Wahrnehmung ganz abgesehen.

Dieses Gedankengebäude bedeutet die Verabschiedung von jeglichen totalitären Konstruktionen, die die alleinige Herrschaft über objektive Wahrheit beanspruchen (Gedanke der „Unfehlbarkeit") – jedoch keineswegs Indifferenz.

Hier beginnt das Paradox der Notwendigkeit von Führung. Den Rahmen zu definieren, um eine Differenz herzustellen und den Raum für Selbstverantwortung, also Leistungsdifferenzierung zu ermöglichen – das heißt unternehmerisch zu handeln, sich mit einer Idee und deren Umsetzung zu positionieren –, gemeinsam mit Menschen, die sich identifizieren, engagieren und einsetzen. Und nun von der Abstraktion zum konkreten Veränderungsmanagement.

Zusammenfassung

Ein Change-Prozess kann nur erfolgreich sein, wenn die Führung ihre Verantwortung übernimmt und einen Führungsstil praktiziert, der das eigene Selbst-Bewusstsein an erste Stelle setzt. Das bedeutet, dass ein Verantwortungsrahmen geschaffen werden muss über Sinn, Inhalt und unternehmerisches Ziel, aber auch ein Verantwortungsrahmen, welcher für sinnstiftende Orientierung sorgt. Das bedeutet aber auch, die Mitarbeitenden ins Boot zu holen, durch einen Verantwortungsrahmen, der eigene Vorstellungen, Regeln und kulturelle Bedingungen miteinbezieht. Dass man einen Rahmen schafft für Mitbeteiligung, Feedback und Auseinandersetzung. Die Verantwortung der Mitarbeitenden soll maximal entwickelt werden, damit diese sich mit dem Unternehmen identifizieren können. Geht die Führung auf die Bedürfnisse der Mitarbeitenden ein, gibt sie dadurch emotionalen Halt.

Führung gibt das Beispiel vor, an dem sich alle orientieren. Ein wertschätzender Kontakt hat nur positive Effekte und weicht die Hierarchisierung auf. Ehrlichkeit im Umgang zahlt sich aus. Die Zusammenarbeit wird vertrauensvoller und konstruktiver, und die Motivation, auf den anderen zuzugehen, nimmt zu.

3.1 Führung und Change: Fusion zweier am Markt konkurrierender Unternehmen aus dem Verkehrsmanagement

▶ Das folgende Fusionsbeispiel beschreibt ausführlich und präzise die Problemstellungen, die einem Change-Projekt erwachsen. Was ist nötig, damit ein solcher Prozess gelingen kann?

Hier werden die Schritte geschildert, die auf dem Weg zu einer Verantwortungskultur notwendig und unabdingbar sind. Ein besonderes Augenmerk gilt der Führung. Wie muss Führung gelebt werden, damit die Mitarbeitenden ins Boot geholt werden können? Wie leitet die Führung den Prozess an, damit ein Wandel, auf der kulturellen wie personellen Ebene, geschehen kann? Lösungsansätze vor diesem Hintergrund werden detailliert geschildert.

3.1.1 Status quo

Der neu bestellte Geschäftsführer einer „Shared-Service-Organisation" benötigt Unterstützung. Zwei vormals konkurrierende Unternehmen aus dem Bereich der Verkehrstechnologie sind von einem größeren Konzern aufgekauft und mithilfe eines aufwändigen Projektmanagements fusioniert worden – dieser Prozess ist nun abgeschlossen. Der Geschäftsführer wird eine neue Sub-Organisation führen, die „Shared Service". Alle Abteilungen, die mit Dienstleistung zu tun haben (IT, Personal, Finanz- und Rechnungswesen, Einkauf, Vertrieb etc.) sind

3.1 Führung und Change: Fusion zweier am Markt konkurrierender

zusammengelegt worden und müssten jetzt „reibungslos" und „effizient" agieren und – emotional überzeugt von der neuen Organisation – zusammenwirken.

Die beschriebene Anforderung hält der Wirklichkeit nicht stand. 80 % von Fusionen scheitern nicht am misslungenen Projektmanagement, sondern am misslungenen Kultur- und Beziehungsmanagement. Hier entsteht der konkrete Unterstützungsbedarf.

Die alte Konkurrenz, Animositäten, Misstrauen und gegenseitige kulturelle Stereotype bestimmen den Alltag der Organisation. Auf meine Frage nach Details und wie sich das im operativen Alltag ausdrücke, erzählt mir der Geschäftsführer:

> Die Unternehmen haben sich früher gegenseitig scharf beäugt und die Seriosität des geschäftlichen Umgangs des anderen angezweifelt.

> Während die sehr rasch absolvierten Geschäftsvorgänge jenseits von formalen Strukturen von den einen als pragmatisch und lösungsorientiert bezeichnet werden, werden sie von den anderen als chaotisch und unstrukturiert bewertet (die Chaoten).

> Der administrativ exakte Umgang (klar, transparent, strukturiert) des anderen Unternehmens, das sich genau an Formalien hält, wird von den anderen als bürokratisch und lahm bewertet – vor allem wurde die Notwendigkeit einer Fusion den „Chaoten" überantwortet, die „wir Effizienten ja gerettet hätten" (die Strukturierten).

Diese Stereotype bildeten die Basis für Zwietracht auf der Führungs- und Team-Ebene. Diese „kulturellen Gewissheiten" pflanzen sich nun fort.

Dabei stellt sich die entscheidende Frage: Wie viele Führungskräfte aus dem einen, wie viele aus dem anderen Unternehmen führen nun die neue Organisation?

- Die sogenannten „Unstrukturiert-Chaotischen", die wirtschaftlich am Abgrund agierten und eher auf die Fusion angewiesen waren, stellen meinen Auftraggeber, den Geschäftsführer der Shared-Service-Organisation vor erhebliche Probleme. Dieser reagiert schon verärgert und enerviert auf die „Vorurteile", die ihm „gleich Latrinengerüchten" zu Ohren kämen.
- Der Abteilungsleiter Einkauf und Vertrieb hat nun einen Kollegen als Stellvertreter, der 39 Jahre der „Chaoten-Organisation" angehörte und 18 Jahre selbst Einkaufs-Chef war.
- In der IT-Abteilung herrscht offene Revolte, es wird beiderseitig die Kooperation verweigert. Der talentierteste Mitarbeiter, den „Strukturierten" zugehörig, sieht sich in der Rolle des „Meuterers auf der Bounty".
- Zwist auch in der Personalabteilung zwischen neuem Abteilungsleiter und weiblicher Stellvertretung. Allerdings läuft hier der Konflikt über den Geschäftsführer: Eine Partei diskreditiert die andere bei ihm.

- In der Buchhaltung, im Rechnungswesen und in der Administration kollidieren die differenten, kulturellen „Weltbilder", die Menschen fühlen sich missachtet und nicht wertgeschätzt für „Jahrzehnte engagierte Arbeit".

So entsteht eine paradoxe Situation: Offiziell, auf der Ebene des Projektmanagements, gilt der Fusionsprozess als beendet, die neue Organisation startbereit.

Auf der kulturellen Ebene allerdings wirken antagonistische Kräfte: widerstreitende Gewissheiten bezüglich des Kerns der Unternehmen („Chaoten" versus „Strukturierte", „Verantwortungslose" versus „Verantwortungsbewusste").

Dementsprechend dominieren konkurrierende, misstrauische, „kannibalisierende" Kommunikations-muster den operativen Alltag zwischen Abteilungen und innerhalb der Teams. Dies führt zwangsläufig zu destruktiven Konsequenzen auf der wirtschaftlichen Ebene.

3.1.2 Entwicklungsperspektive

Das ökonomische Gelingen der Fusion und damit des Change-Prozesses hängt von einer tragfähigen Vision, einer unternehmerischen „Mission" ab. Diese beschreibt den konkreten Weg der Unternehmenszusammenführung. Voraussetzung dafür ist die Herausbildung einer gemeinsamen Identität, die Entwicklung und Entstehung einer gemeinsamen Geschichte, eines gemeinsamen „Mythos":

Ein Schlüsselfaktor ist hier das emotional-rationale „Bildnis" des Unternehmens, also eine Identifikationsplattform für Mitarbeitende, die sinnstiftend wirkt.

Dies wird allerdings nur möglich, wenn sich die Mitarbeiter mit ihrer Historie und ihrem Nutzen individuell anerkannt und in ihrem Wert bestätigt fühlen.

Dieser Prozess muss nun in den Fokus der Führungskraft geraten, vor, während und nach dem Change-Prozess – die sogenannte „Prozess-Steuerung" seines Unternehmensteils. Der Geschäftsführer trägt hier die Verantwortung als „Kulturstifter". Dies betrifft die Art und Weise der Zusammenarbeit sowie das Ansprechen von Konflikten, um Erwartungen und Bedürfnisse zu klären.

Führungskräfte und Mitarbeitende übernehmen je 50 % der Verantwortung für die gemeinsame Kommunikation.

Konkret bedeutet dies: „Ich bin für die Reaktionen, die der andere in mir auslöst, verantwortlich!"Dies erzeugt eine Kommunikationskultur jenseits von Schuld und Anklage.

Dies stellt sich auf verschiedenen Ebenen wie folgt dar (Abb. 3.1).

Etablierung einer Verantwortungskultur

Ziel: Etablierung einer Verantwortungskultur
Vision: Sinnstiftung
Mission: Der Weg zum Ziel = Etappendefinition / Projektmanagement
Operatives Tagesgeschäft: Aufgabendefinition, Delegation, Controlling

Individuum	Gruppe/Team	Organisation
Innere Haltung (Person) ↓	Prozessmanagement und Prozess-Steuerung ↓	Kulturelle Verantwortung (Hoheit) der Organisation ↓
• Einstellungen • Glaubenssätze • Werte und Tugenden ↓	• Identität als Gruppe • Historie • Mythos ↓	Identität als Organisation ↓
• Gefühle • Körpersensationen ↓	„Spirit" und kollektiver Gefühlszustand ↓	„Spirit" der Organisation ↓
Individuelle Strategien: Wie agiere ich, um meine Bedürfnisse zu befriedigen und meine Ziele zu erreichen? Wie kläre ich meine Erwartungen?	Welche kollektiven Regeln bestimmen die Zusammenarbeit? Das heißt, wie werden Bedürfnisse angesprochen, Konflikte geklärt und dem entsprechend Kooperation hergestellt?	Wie entsteht auch hier die Erlaubnis, eine Verantwortungskultur kollektiv zu leben?

Abb. 3.1 Etablierung einer Verantwortungskultur

3 Theorie und Praxis – Von der inneren Haltung zur äußeren Wirkung

Damit dies funktionieren kann, bietet sich das Feedback-Prinzip an – und zwar bei allen beteiligten Personen auf der kognitiven und der emotionalen Ebene.

Folgende Abbildung zeigt den Zusammenhang (Abb. 3.2).

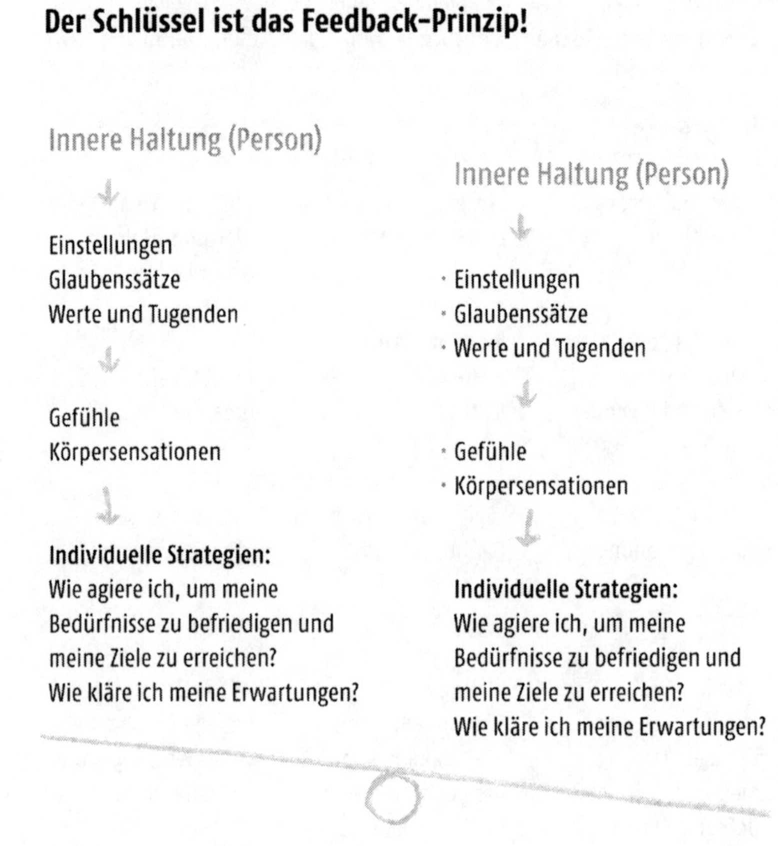

Der Schlüssel ist das Feedback-Prinzip!

Innere Haltung (Person)
↓
Einstellungen
Glaubenssätze
Werte und Tugenden
↓
Gefühle
Körpersensationen
↓
Individuelle Strategien:
Wie agiere ich, um meine Bedürfnisse zu befriedigen und meine Ziele zu erreichen?
Wie kläre ich meine Erwartungen?

Innere Haltung (Person)
↓
- Einstellungen
- Glaubenssätze
- Werte und Tugenden
↓
- Gefühle
- Körpersensationen
↓
Individuelle Strategien:
Wie agiere ich, um meine Bedürfnisse zu befriedigen und meine Ziele zu erreichen?
Wie kläre ich meine Erwartungen?

Abb. 3.2 Feedback-Prinzip

▶ Dies bedeutet, dass sich die Kommunikation ebenbürtiger Personen – jenseits von Schuld und Anklage und Täter-Opfer-Paradigmen – bewegen soll.

Um dies zu erreichen, gilt die 50-%-Regel:

Von 100 % Verantwortung für die gemeinsame Kommunikation trägt jeder seinen Teil für seine Wirkung beim anderen sowie seine eigenen Reaktionen und Gefühle und die daraus resultierenden Strategien.
Dieses Prinzip gilt auch in Change-Prozessen.

3.1.3 Beratungsstrategie

Nachdem die Problemstellung geklärt ist, soll in diesem Kapitel der konkrete Transfer einer Verantwortungskultur innerhalb einer „Lernenden Organisation" vorgestellt werden. Dazu braucht es eine Strategie, ein methodisches Vorgehen, das in diesem Fall folgendermaßen aussieht:

Mit meinem Auftraggeber vereinbare ich drei Coaching-Sequenzen, um ihn in der Wahrnehmung seiner neuen Rolle zu unterstützen.

In dieser Sequenz wird sich der neue Geschäftsführer mit folgenden drei Komplexen beschäftigen:

1. Seiner neuen Rolle:
   Er leitet nach der Fusion nicht mehr die überschaubare Controllingabteilung, die er in erster Linie über fachliche Kompetenz führte. Er leitet nun eine große Organisation. Dies bedeutet, dass er nicht mehr über seine „fachliche Überlegenheit" führt, da ihm seine Mitarbeiter meist fachlich sogar überlegen sind. Ganz klar heißt dies nun, dass sich sein Führungsverständnis verändern muss, aber in welche Richtung?

2. Ich nenne dies die Arbeit an der „Inneren Haltung", der Organisationskultur:
   Die augenblicklichen, mannigfaltigen Konflikte sind für ihn Anlass, über die existierende Organisationskultur nachzudenken: Wie steuere ich den Führungsprozess so, dass Mitarbeiter den konditionierten „Nörgel-Status" verlassen, um mehr Verantwortung zu übernehmen? Konflikte und Auseinandersetzungen sollen nicht mehr über seinen Tisch gehen, sondern von den Betroffenen selbstverantwortlich gelöst werden.
   Mehr noch: Die Mitarbeitenden sollen lernen, Konflikte durch die Auseinandersetzung zu nutzen und dadurch ihre Lust und Kreativität spüren, am produktiven Prozess teilzuhaben. Dies steht allerdings diametral zu patriarchalen Gewissheiten und folglich infantil konditioniertem Mitarbeiterverhalten.

3. Seiner Positionierung gegenüber dem Vorstand:
   Seit der Fusion hat der Geschäftsführer eine neue Rolle und es wurden ihm neue Kompetenzen zugeteilt. Diese Rolle soll überdacht und neu „gefüllt"

werden. Während des Coachings entwickelt der Geschäftsführer die Tugend, seine Wahrnehmungsfähigkeit auf seine „Innere Haltung" auszudehnen.
Folgende Fragen wollen bearbeitet werden:
Welche Gewissheiten/Glaubenssätze steuern mich?

Welche Gefühle und Körperempfindungen entwickeln sich im Alltag bei Konflikten?
Welche Strategien wähle ich (wohl meist unbewusst) auf der Verhaltensebene?

Illustrierendes Beispiel: „Verantwortung – und ich muss es perfekt tun":

Der Geschäftsführer neigt dazu oder hat den ultimativen Anspruch, die ihm auferlegten Aufgaben gründlich, akribisch, gewissenhaft und fachlich kompetent zu bearbeiten.

Diese Tugenden haben ihn erfolgreich werden lassen und begründen Entscheidung des Vorstandes, ihn mit der Führung der Organisation „Shared Service" zu betrauen.

Nun erweisen sich jedoch die bewährten Tugenden und dementsprechenden Verhaltensstrategien als hinderlich, geradezu als „Hemmschuh". Warum?

Der Geschäftsführer ist es gewohnt, alles selbst penibel abzuarbeiten. Er erwartet diese Grundhaltung auch von seinen Mitarbeitern in sämtlichen Abteilungen und verstrickt sich aufgrund seiner unbewussten Verhaltensmuster in dysfunktionalem Verhalten bzw. in nicht funktionierende Führungsmodi.

- Seine persönliche Arbeitsweise ist sein Orientierungspunkt für die Erwartungen an seine Mitarbeiter.
- Bei vorprogrammierter Unzufriedenheit hat der Geschäftsführer aufgrund des Drucks von außen und des Selbstanspruch die Strategien,
  (a) die Mitarbeiter abzuwerten und
  (b) im Zweifelsfall die anstehenden Arbeiten selbst zu erledigen.

Er etabliert demzufolge (weil auf ihn orientiert) ein kulturelles System in seiner Organisation, das patriarchal ist. Es existieren nun einerseits die „geliebten", ihm entsprechenden Mitarbeiter, andererseits die „ungeliebten, verachteten" Mitarbeiter, die ihm nicht entsprechen. So führt sich ein infantiles System fort. Der Geschäftsführer wird immer gestresster und unzufriedener, da er in dieser Funktion seinem perfektionistischen Selbstanspruch nicht mehr gerecht werden kann und immer mehr in eine Anklagehaltung den Mitarbeitenden gegenüber gerät.

Innerhalb des Coachings sieht sich nun der Geschäftsführer mit seinen Tugenden und seinen Verhaltensstrategien konfrontiert. Diese zu realisieren, d. h. sich diese bewusst zu machen, ist das Ziel. Wenn es seinerseits zu Verärgerung und Unsicherheit kommt und die Aufgaben nicht seinen

3.1 Führung und Change: Fusion zweier am Markt konkurrierender

Ansprüchen entsprechend erfüllt worden sind, muss er sich mit seinen gewählten Verhaltensstrategien auseinandersetzen.

Dieser Vorgang war ihm bis dato nicht bewusst. Der Geschäftsführer entwickelte im Coaching eine Selbstwahrnehmung für seine Werte und Erwartungen, seine Gefühle und dementsprechenden Verhaltensstrategien, sollten seine legitimen Bedürfnisse nicht befriedigt werden.

> **Der Prozess der „Selbstführung!"**
>
> Die Bewusstmachung der eigenen Werte führt zu einer bewussten Wahrnehmung der eigenen Gefühle und demzufolge zu den bewusst gewählten Verhaltensstrategien.
>
> Dies ist die Voraussetzung für effiziente Führung: erfolgreiche von erfolglosen Verhaltensstrategien unterscheiden zu können – und zwar orientiert und gemessen an meiner Wirkung nach außen (Selbstverantwortung und Feedback-Prinzip).

Nun ist der Geschäftsführer in der Lage, seine Verantwortung für sich zu übernehmen, den beschriebenen Prozess zu reflektieren. Er kann sich beispielsweise bei Ärger entscheiden, den Mitarbeiter „anzufahren" oder „abzuwerten" (verbal/nonverbal) oder seine Strategie zu ändern.

Dies kann bedeuten,

- seinen Ärger und das zugrunde liegende Bedürfnis (nach Genauigkeit im operativen Alltag und der Unterstützung seiner Chefposition) zu erkennen,
- sich legitimiert zu fühlen („Innere Haltung"), sich zu ermächtigen „der Chef zu sein", das heißt fachlich und kulturell die Verantwortung für „Shared Service" innezuhaben,
- auf sich bezogen seine Werte und Erwartungen zu formulieren, dem Mitarbeiter Feedback zu geben, ohne ihn zu verurteilen.

Selbstwahrnehmung und Feedback sind unabdingbar, um eine Verantwortungskultur aufzubauen.

Dazu gehören die Feedback-Regeln:

- **konkrete Situationen formulieren**
- **Wirkung derselben auf mich formulieren (Gefühle ansprechen)**
- **konkrete Erwartungen aussprechen**

Dies sollte alles in der Ich-Form erfolgen. Für den Feedback-Nehmer gilt das Zuhören als oberstes Gebot. Bei Unklarheiten der konkreten Situation gilt: sofort nachfragen.

> **Beispiele**
>
> „Wenn Sie sich nicht an unsere Vereinbarung halten, werde ich ärgerlich, bin ich verunsichert, da mir Korrektheit bei der Bewältigung meiner Aufgaben wichtig ist."
>
> „Ich erwarte ab jetzt, dass Sie die Vereinbarungen zwischen uns einhalten oder mit mir frühzeitig über eine Alternative verhandeln. Das ist für mich wichtig, denn ich brauche Sie zur Erfüllung unserer Shared-Service-Aufgaben."

Es lässt sich somit festhalten:

▶ Selbstwahrnehmung und Feedback sind die wichtigsten Voraussetzungen wirksamer Führung.

Diese findet in erster Linie auf der Ebene „Innere Haltung = Kultur = Beziehung" statt.

Der Geschäftsführer positioniert sich folglich mit seinen legitimen Erwartungen und nutzt Konflikte zur Auseinandersetzung und Qualitätssteigerung. Er wählt jetzt eine konstruktive Strategie, sich zu klären (Ärger -> Erwartung) und kreiert damit einen Raum für Verantwortung bei seinen Mitarbeitern („Ebenbürtigkeit bei differenter Verantwortung").

Innerhalb des Coachings wird die Selbstwahrnehmung trainiert. Die Aufgabe des Coachs ist nun, aus unterschiedlichen Perspektiven Feedback zu geben: aus derjenigen des Chefs oder derjenigen des Mitarbeiters. Dabei nutzt der Coach eigene Erfahrungen für die gemeinsame Entwicklung hin zu mehr Selbstverantwortung.

Die differente „Innere Haltung" und die veränderten Führungsstrategien des Geschäftsführers wirken sich aus: Er bekommt gute Feedbacks und bittet mich, die Fusion kulturell zu begleiten.

Die nächsten Schritte sind ein Gespräch mit dem Vorstand, ein schriftliches Angebot und ein vorbereitendes Training für den Geschäftsführer.

Dann folgt ein Workshop des Führungsteams der Shared-Service-Organisation, des Geschäftsführers und der Führungskräfte samt Stellvertretungen.

Ziele des Workshops sind:

1. Klärung der unterschiedlichen Gewissheiten aufgrund der differenten Historie anhand der existierenden Konflikte innerhalb und zwischen den Abteilungen,
2. Entwicklung einer gemeinsamen Vision und
3. operative Umsetzung der Vision.

Im Vorfeld des Workshops führe ich mit den einzelnen Teilnehmern 90-minütige Vorgespräche mit drei Zielen:

3.1 Führung und Change: Fusion zweier am Markt konkurrierender

1. mich als Person vorzustellen,
2. die subjektive Sicht/Perspektive aufzunehmen,
3. erstes Coaching an der „Inneren Haltung":
Wie viel Verantwortung übernehme ich für mich, meine Gefühle und Strategien? Was wäre mein Anteil, damit sich die Kooperation verbessert?

Anfangs begegnen mir Misstrauen, Skepsis und vielleicht auch Argwohn. Die Menschen überprüfen in der Regel, ob sie in ihrem Blickwinkel, ihrem Anliegen und ihrer Geschichte „Glauben" finden oder ob der Berater nur Anwalt einer Partei, hier des Auftraggebers ist.

Wenn den Menschen sukzessive klar wird, dass ich nicht in „Gut-Böse-Kategorien" oder in „Schuld-Unschuld"-Paradigmen werte und einteile, sondern ich meine Rolle als Berater verstehe, entsteht Akzeptanz und ein Vertrauensverhältnis wird aufgebaut.

Zentraler Bestandteil der 90-minütigen Sessions ist das 50-50-Modell, das heißt, dass die Verantwortung für Inhalt und „Innere Haltung" jeder Kommunikation zu 50 % bei mir selbst liegt. Dies bedeutet ganz pragmatisch, dass ich die Gefühle, die das Verhalten eines anderen in mir hervorruft, selbst verantworte.

Dieser Grundsatz ist befreiend und schmerzlich zugleich. Er befreit mich aus jeglicher Opferhaltung und ist gleichzeitig schmerzlich. Kann ich doch meinen Teil der Verantwortung nicht nach außen, hin zu Dritten lenken.

Insofern ist diese erste Coaching-Sequenz anspruchsvoll für beide Seiten, für den Coach und für den Gesprächspartner: Respekt gegenüber der anderen Perspektive heißt Verstehen. Verstehen heißt allerdings nicht gleichzeitig auch einverstanden zu sein. In diesem Spannungsfeld liegen Kreativität und Entwicklung.

So vorbereitet startet der Führungs-Workshop.

Der Geschäftsführer, die Abteilungsleiter, ihre Stellvertreter und ich als Coach treffen uns an einem ruhigen Ort außerhalb der Organisation. Ein beschauliches Hotel am Waldrand bildet den Rahmen für diesen „Initiations-Workshop" zur Grundsteinlegung einer gemeinsam zu entwickelnden Verantwortungskultur.

Ziele des Workshops sind:

1. Schaffung einer gemeinsamen Vision,
2. Schaffung einer tragfähigen „Bill of Rights", also verbindlicher Regeln für eine Architektur der Zusammenarbeit und
3. konkret definierte Veränderungsschritte.

Dies ist ein ziemlich anspruchsvolles Vorhaben für zweieinhalb Tage, setzt dies doch ein gelungenes Konfliktmanagement voraus.

Die Stimmung, die mir begegnet, scheint von freundlicher Spannung geprägt, die Menschen sind sich, aufgrund der geführten Gespräche, nicht nur über die Chronologie des Workshops im Klaren, sondern auch über das persönliche Erfordernis, für sich und ihre Bedürfnisse und Erwartungen, auch ihre Konflikte, einzustehen.

Für sich – nicht gegen die anderen.

Sie wissen, dass ich mit Humor, Strenge und Klarheit für einen wertschätzenden Rahmen sorgen werde, innerhalb dessen – jenseits von Schuld und Anklage – „Tacheles" gesprochen werden soll, um in einem rauen und herzlichen Klima verantwortlich und leistungsorientiert voranzukommen.

Im Folgenden erläutere ich die Agenda des Workshops:

1. Step: Fishbowl mit dem Geschäftsführer
2. Step: „Tacheles"
3. Step: Blick in die Geschichte: Wir benennen Bewahrenswertes
4. Step: „Vision in drei Jahren"
5. Step: „Status quo – Stärken/Schwächen/Erwartungen"
6. Step: Etablierung einer Feedback-Kultur
7. Step: Mission: Definition konkreter Veränderungsprojekte mit Aktionsplan

1. Step: Fishbowl
Zu Beginn treffe ich mit dem Geschäftsführer zusammen zur Abgleichung des ersten Schrittes im Seminar – ein Zwiegespräch zwischen ihm und mir als Coach findet statt. Diese Methode nennt sich Fishbowl.

Dann geht's los. Es herrscht Spannung im Raum. Die Menschen hören zu. Auf meine Frage, wozu wir hier säßen, welchen Sinn das habe und welche Ansinnen er damit verbände, erzählt der Geschäftsführer von der Geschichte beider Unternehmen, besonders der Geschichte „seines Unternehmens", den akuten Bedrohungen vonseiten des Marktes, betriebswirtschaftlichen Unwägbarkeiten. Er lobt die Mitarbeiter, die aus der Not eine Tugend machten und sehr spontan, flexibel, „auf Zuruf" die Arbeitsprozesse gestalteten. Durch seine persönlichen Schilderungen entspannt sich die Atmosphäre.

Er erläutert die Sinnhaftigkeit der Fusion aus seiner Warte: „Ich kann von Ihnen lernen, kontrollierter und bedachter Prozesse zu steuern …" Und schildert dezidiert die Notwendigkeit, jetzt „an einem Strang zu ziehen, um als „neues Unternehmen zu reüssieren", und wird sehr konkret bei der Schilderung der „Malaise", sich gegenseitig zu boykottieren, eher den anderen verantwortlich zu machen für eigenes Unvermögen, Unzufriedenheit. Und er bekräftigt seinen

Willen, eine gemeinsame Kultur zu installieren, die jenseits von Schuld und Vorwürfen liegt und Missstände deutlich ausspricht, die sich auseinandersetzt, um kreativ einen besseren Weg zu finden.

Der Geschäftsführer spricht die Erlaubnis, das Bedürfnis aus, sich ebenbürtig zu behandeln, direkt zu kommunizieren, die eigenen Bedürfnisse auszusprechen …

Er verbindet die ökonomische Notwendigkeit mit dem kulturellen Bedarf. Schlussendlich formuliert der Geschäftsführer die konkreten Ziele für den Workshop. Die Stimmung ist weiterhin gespannt aufmerksam. Dieser Step ist bedeutsam, schafft er einen Erlaubnisrahmen, Transparenz über die anvisierten Ziele und macht die „Verantwortung" im Sinne einer Ermächtigung vonseiten des Geschäftsführers deutlich.

„An diesen Zielen will ich mich messen lassen", ist die implizite und explizite Botschaft „daran will ich gemessen werden und zeitnah Widerspruch oder Zuspruch ernten". Dies ist die Voraussetzung für die Entstehung einer Verantwortungskultur:

> Verbindlichkeit kreiert Freiheit,
>
> ein klar verantworteter Rahmen schafft den sicheren Humus für die Entwicklung von Selbstverantwortung.

2. Step: Tacheles

Nach dem Fishbowl kommt nun also die **„Tacheles-Phase"**: Die Menschen bekommen, gezielt in den tradierten Abteilungs- und Arbeitszusammenhängen, die Gelegenheit, ihren Unmut, ihre Frustration, ihren Ärger auszudrücken, der sich über den gesamten Prozess der Fusion aufgestaut hat. Die Gruppen arbeiten getrennt voneinander, haben circa 45 Minuten Zeit, ihre Arbeitsergebnisse werden auf einem Flipchart visualisiert.

Nach einem zögerlichen Start geht es in den Gruppen richtig los. Unmut wird formuliert, aufgestautem Ärger Luft gemacht, subjektiv empfundene Ungerechtigkeit ausgedrückt und zu Papier gebracht. Endlich darf direkt ausgesprochen und adressiert werden, jede Abteilung sitzt miteinander, der Geschäftsführer arbeitet alleine.

Diese Aktion hat kathartische Wirkung, nicht indirekt werden Konflikte benannt, sondern direkt:

Die Teilnehmer übernehmen für ihren Unmut die Verantwortung.

Der eigentliche kulturelle Quantensprung findet allerdings während der Präsentation statt:

Oberstes Gebot ist jetzt – während jede Gruppe ihre Ergebnisse präsentiert – das Zuhören und Verstehen, dies bedeutet, es ist nachrangig, ob die Zuhörer mit dem Gesagten einverstanden sind; nicht Diskutieren oder Rechtfertigen sind indiziert, sondern Präsenz und Wachsamkeit gegenüber den Ausführungen der „anderen", der Perspektive und Bewertung meiner Kollegen und meines Geschäftsführers.

▶ Hier entsteht der „erste Hauch" eines „Wind of Change", einer Veränderungsenergie:

Tacheles und Respekt gleichermaßen in direkter Art und Weise.

Die Voraussetzung für inhaltliche Auseinandersetzung ist der Respekt für die subjektive Bewertung der Umstände des Gegenübers und seine daraus resultierenden Gefühle. Damit ist eine erste Basis initiiert.

Während des Fusionsprozesses ging es – im verständlicherweise hohen Tempo – um die operative Umsetzung der „technischen" Fusion zweier bis zu dem Augenblick der Zusammenlegung konkurrierend agierender Unternehmen.

Die Manager des Fusionsprozesses stehen unter Druck: Einerseits soll das Tagesgeschäft erfolgreich weiterlaufen und sich erfolgreich entwickeln, andererseits soll die neue Organisation reibungslos funktionieren und dem verunsicherten Kunden das neue Markenbild präsentieren. Dabei gilt es, „nebenbei" divergierende Arbeitsprozesse zu harmonisieren, Stärken und Schwächen zu beleuchten und sich wertschätzend auseinanderzusetzen.

Jenseits kerniger und manchmal auch martialischer Aussagen durch die neue Unternehmensführung, die unter wirtschaftlichem Erfolgsdruck steht, jede Unsicherheit zu vermeiden sucht, sind die Mitarbeiter gemeinhin verunsichert und in der Mehrheit verängstigt. Ihnen fehlt noch die Identifikation mit dem Neuen, die allerdings erforderlich ist, um die akut und längerfristig anstehenden Aufgaben bewältigen zu können.

Denn das Gros der Mitarbeiter erfährt meist erst sehr spät vom Management von den auf sie zukommenden Veränderungen; und dies meist aus einer fordernden Haltung heraus, die dem Druck geschuldet ist, unter dem das Management gemeinhin steht.

Der Status der Mitarbeiter ist in dieser Situation denkbar unterschiedlich, different. Meist schon durch Gerüchte indirekt konfrontiert und informiert, ist die Haltung von Verunsicherung, Befürchtungen um Stellung, eigenen Wert und Arbeitsplatz geprägt. Stößt nun die üblicherweise fordernde – und schon lange informierte und durchdachte – Haltung des Managements auf die (meist) verunsicherte Haltung der Mitarbeiter, entsteht – nicht in böser Absicht – eine für beide Seiten eher destruktive Atmosphäre: Druck erzeugt Gegendruck nach innen oder außen.

Lähmungserscheinungen, Glorifizierungstendenzen der Vergangenheit, Sündenbock-Syndrome, Phänomene der Rebellion oder Inneren Kündigung sind typisch für eine Atmosphäre, der sich Führungskräfte auf der Kultur- und Prozessebene während und „nach" einer Fusion ausgesetzt sehen.

Da Manager eher gelernt haben, technische Prozesse inhaltlich und kausal nach Analyse-Lösungs-Schemata zu gestalten mit der Erwartung kausaler und symptomorientierter Problemlösung, sind sie nun mit der Gestaltung des kulturellen Prozesses mehr als herausgefordert. „Lebende Systeme" funktionieren eben bei komplexen Phänomenen weder monokausalen Gesetzmäßigkeiten folgend noch durch „Mehr-desselben-Strategien", also beispielsweise die Strategie, auf Verunsicherung der Mitarbeiter mit Drohung und Druck zu reagieren und bei sich nun noch verschlimmernden Verunsicherungs-Phänomenen eben mit noch mehr Druck und Drohung zu reagieren – ein dysfunktionaler Kreislauf.

Das gebiert alles, aber keine motiviert-selbstverantwortliche Grundhaltung in eigener Sache und keine notwendige Identifikation mit dem Unternehmen.

An diesem Punkt stellt sich die grundlegende Frage:

Wie manage ich Verunsicherung, Angst und unausgesprochene Bedürfnisse, die sich häufig verschleiert zu Wort melden, nämlich durch Widerstand, Rückzug usw.?

Was bedeutet dies in dem Moment für den Workshop?

- Innezuhalten. Sich zurückzulehnen. Tempo rauszunehmen. Nachzufragen.
- Die eigene innere Haltung im Sinne der Meta-Kognition zu hinterfragen: Sind meine Prämissen die wirklich einzigen, die zu welchem Erfolg eigentlich führen?
Bin ich bereit, mich zu hinterfragen und verunsichert zu werden?
- Ist es möglich, dass ich Täuschungen erlegen bin, anderes jedoch brillant gemacht habe?

3. Step: Blick in die Geschichte

Der nächste Schritt besteht darin, bei den Teilnehmenden des Workshops nachzufragen:

Wenn Sie auf Ihre gemeinsame Zusammenarbeit der letzten Jahre und Jahrzehnte blicken, was würden Sie als besonders bewahrenswert und förderlich für den gemeinsamen Unternehmenserfolg bezeichnen? Lassen Sie sich Zeit, destillieren Sie dabei detailliert das Wesentliche heraus – und lassen Sie mit Stolz Ihre Arbeit, Ihre Leistung der letzten Jahre Revue passieren!

Die Gruppen arbeiten in den alten Unternehmensformationen und beginnen in großer Ernsthaftigkeit, sich selbst zu reflektieren. „Das hat uns noch nie jemand gefragt...", höre ich.

▶ Erst wenn Menschen spüren, dass sie in ihrer Integrität gewürdigt werden – also anerkannt sind in ihrem Tun, ihrer erbrachten Leistung, gehört in ihren Bedürfnissen nach Orientierung und Sicherheit, anerkannt auch in ihren Ängsten -, erst dann habe ich die Legitimation und die Grundlage, Kritik zu äußern.

Die Arbeitsergebnisse sind erstaunlich: Jenseits allen Abwehrverhaltens entwickelten die Gruppen ihren „USP" – den Unique Selling Point, gewinnbringende

Arbeitsweisen und Strategien, die sich in vielen Jahren bewährten. Die Menschen beginnen, einander zuzuhören, und es deutet sich ein Verständnis für die Historie der anderen an, es wächst die Einsicht in die Notwendigkeit, gemeinsam auf den jeweiligen Erfahrungen basierendes Neues zu entwickeln.

„Das könnte uns ergänzen..." ist ein häufig geäußertes Resümee. Erstaunen breitet sich aus.

Die Atmosphäre innerhalb des Führungsteams kann nun als achtsam und präsent bezeichnet werden. Jetzt folgt ein bedeutsamer Schritt, der die Menschen in die Zukunft katapultieren soll, entfernen soll aus dem operativen Tagesgeschäft. Ziel soll sein, ihre Weisheit aufgrund ihrer Erfahrungen zu kombinieren mit der grundsätzlichen Lust an der Gestaltung der eigenen Arbeitssituation.

4. Step: Vision 2016
In diesem Schritt geht es um die Entwicklung einer Vision für das Unternehmen.

Der Auftrag lautet:
Entwickelt eine Vision für eine ideale Arbeitssituation in drei Jahren.

Kreiert dazu im ersten analogen Teil ein gemeinsames Bild, das alle (auch unterschiedlichen) Perspektiven umfasst zu allen relevanten Themen eurer Zusammenarbeit.

Beschreibt im zweiten Teil die ideale Arbeitssituation so konkret als möglich!

Relevante Themenkomplexe sind:

- Führung, wie stellen wir uns die ideale Unterstützung von Seiten des Chefs vor,
- die Kultur der Zusammenarbeit und Vernetzung, also wie nutzen wir uns gegenseitig, kritisieren uns, utilisieren die Unterschiedlichkeiten,
- Konfliktmanagement, wie gehen wir heute in drei Jahren mit Konflikten um,
- Arbeitsorganisation und Delegation.

Basis für die Visionsentwicklung sind die nun etablierte Organisationsstruktur des Gesamtkonzerns und die Struktur der Shared-Service-Organisation.

Der Geschäftsführer arbeitet alleine, weiter verteilen sich die Mitarbeiter in drei vernetzten Gruppen, die abteilungsübergreifend zusammenarbeiten ... Mindestens 90 Minuten Zeit haben die Teilnehmer zur Entwicklung der Vision.

Der Auftrag von mir lautet, aus der Perspektive 2016 eine ideale Arbeitssituation zu beschreiben. Es geht keineswegs um ein Utopia, es geht schlichtweg darum, Verantwortung zu übernehmen für die Gestaltung des eigenen Arbeitsbereichs. Der Blick ist zu konzentrieren auf das Machbare, das Veränderbare, das Verantwortbare – die Grundlage jeglicher Verantwortungskultur.

3.1 Führung und Change: Fusion zweier am Markt konkurrierender

▶ Welche Lebenskunst, das Nichtveränderbare mit Gelassenheit hinzunehmen, das Veränderbare zu definieren und in Angriff zu nehmen – und beides voneinander zu unterscheiden: das Axiom erhöhter Wirksamkeit.

Oder – um mit Erich Kästner zu sprechen:

Es gibt nichts Gutes, außer man tut es. (Kästner 2009)

Plötzlich weicht die Wehklage, die Verbitterung aufgrund des Fokus, der auf dem Nichtveränderbaren einer machenden, aktiven, Verantwortung nehmenden Grundhaltung liegt.

Die Formulierung alten Ärgers mag für diese sich sanft transformierende Energie ein Schlüssel gewesen sein. Von der Grundhaltung des „Opfers" der nicht zu beeinflussenden Verhältnisse hin zu einer sich entwickelnden realistischen Grundhaltung, das Verantwortbare fokussierend zu gestalten und damit zum Handelnden zu werden, nicht nur seiner sichtbaren Welt, sondern auch der „unsichtbaren", der Steuerung seiner Gefühle und „Inneren Haltung".

Die Präsentation gestaltet sich als Vernissage der kreierten „Gegenwartsentwürfe in der Zukunft". Neugierige Aufmerksamkeit auf allen Seiten. Die Zuhörer haben die „investigative", ermittelnde Aufgabe, den Präsentierenden kritische Fragen zu stellen:

- Wie gestaltet sich die beschriebene ebenbürtige Führung im erfolgreichen Alltag in Konfliktsituationen?
- Wie drückt sich die Nutzbarmachung der unterschiedlichen Bewältigung von Arbeitsprozessen im Alltag aus?
- Welche Regeln entstehen daraus?
- Wie positionieren wir uns gegenüber dem Vorstand, wer übernimmt welche Rolle?
- Wie teilen wir uns Ärger mit, klären nicht gestillte Bedürfnisse?

Die Gegenwart der Zukunft wird auf den Alltag heruntergebrochen. Es entstehen lebendige Entwürfe einer handlungsfähigen, verantwortungsvollen Organisation, die Unterschiede in Einschätzungen und Aufgabenbewältigung zu nutzen vermag, Konflikte aussprechen und erst einmal auch stehen lassen kann, ohne immer sofort eine Lösung anbieten zu müssen.

In diesem Prozess entdeckt das Team das sich Entwickelnde und Kreative, den Raum gegenseitigen Respekts, um gemeinsame oder divergierende Bedürfnisse zu offenbaren und so vernetzte Lösungen zu entwickeln.

Die Überraschung ist die große Übereinstimmung der unterschiedlichen Visionen. Keiner aus den ehedem unterschiedlichen Organisationen hätte dies gedacht, war der Blick doch verstellt aufgrund der dominierenden Kränkungen und Verletzungen.

Ein verantwortlicher Blick erlaubt die Nutzung des Erfahrungswissens und bringt die „Weisheit" der Einschätzung von Notwendigkeiten der Mitarbeiter zum Vorschein, die eben in der Regel sehr genau wissen, was notwendig ist, um die „Zukunft zu gestalten".

Die Frage ist nur, ob sie gefragt werden und ob der Raum existiert zu antworten ohne Angst, ohne die Befürchtung, für Widersprüche bestraft zu werden ...

5. Step: Status quo – Stärken/Schwächen/Erwartungen
Inzwischen ähnelt der Raum tatsächlich einem Architektenbüro, die Visions-Skizzen zieren die Wände unseres Raumes, und nach einer Pause kommt der spannende Schritt der notwendigen Operation in eigener Sache, **einer Analyse des Status quo von Führung, Zusammenarbeit und Vernetzung.**

Durchgeführt in der gleichen Gruppenkonstellation, vor dem Hintergrund der Vision für 2016, soll der Ist-Zustand des Jahres 2013 in aller Präzision und Schärfe anhand einzelner Skalierungen von 0–10 durchexerziert werden.

Jeder einzelne Bereich wird einer genauen Analyse der Erfolgs- und der konkreten Misserfolgsfaktoren unterzogen mit einer anfänglichen Bewertung von 0–10, wobei 0 für maximal erfolglos und 10 für maximal erfolgreich steht.

Der Humus ist jetzt für diesen Schritt gelegt:

Erste Steps einer Verantwortungskultur sind gelegt und erfahren: kein Attackieren oder Vermeiden, sich mit offenem Visier gegenübertreten, für Gefühle einstehen, einander zuhören. Es soll eine Akzeptanz entwickelt werden für das Wesen des anderen, miteinander und nicht gegeneinander, um die Zukunft in den verantwortlichen Blick zu nehmen.

Auf dieser Basis gilt es nun also auch inhaltlich „Tacheles" zu sprechen und die eigene Führungs- und Zusammenarbeit scharf („rau und herzlich") in den Blick zu nehmen.

Von der klassischen Seminarmüdigkeit ist keine Spur vorhanden. Die Menschen sind beteiligt, von positiver Anspannung geprägt und starten konzentriert mit dieser Aufgabe.

Allen ist klar, hier geht es nicht um destruktive Prozesse, hier geht es nicht darum, einen Sündenbock zu installieren, nein, hier geht es jetzt um mich, um uns, um die Gestaltung meiner und unserer Zukunft. Dazu ist die klare Sicht auf Förderliches und Hinderliches unbedingt erforderlich – ohne dass ich mittelalterliche Bestrafungsrituale zu fürchten habe.

▶ So agiert der Workshop als „Führungsinstrument" immer auf zwei Ebenen:

Einerseits arbeiten die Menschen Schritt für Schritt an ihrem notwendigen inhaltlichen Change-Management-Programm und lernen simultan auf der kulturellen Ebene über die Erfahrung, mit ihrem Chef diesen Prozess innerhalb der Verantwortungskultur zu gestalten – jenseits von Appellen und üblichen Beschwörungsformeln.

Der Schlüssel für die Entwicklung wirksamen Veränderungsmanagements und wirkungsvoller Begleitung ist der Berater, der den Prozess des Workshops begleitet, sowie der Chef, der seine Mitarbeiter innerhalb der Veranstaltung führt.

Nach mindestens 90 Minuten startet die Präsentation, die mit Spannung erwartet wird.

Die Gruppenergebnisse sind erstaunlich: mehr scharfe Kritik in eigener Sache als erwartet, jedoch auch deutliche Benennung der Defizite der anderen ohne Anklagecharakter. Zum Schluss kommt der Chef, und ihm gelingt es, ohne eine Spur von Abwertung Positives und Negatives zu benennen – auch in eigener Sache. Er bringt auch die tabuisierten Themen innerhalb der Abteilungen und zwischen den Abteilungsleitern und den Stellvertretern auf den Tisch.

Jetzt werden die Vorteile klarer Abläufe benannt und auch von anders Agierenden als Vorteil gesehen. Allerdings werden auch mögliche Nachteile benannt, z. B., wenn die Abläufe statisch und unflexibel sind. Es wird auch die Flexibilität bei den anders Agierenden gesehen, z. B. der Vorteil für ein flexibles Kundenmanagement, allerdings werden auch die Nachteile nicht ausgeklammert.

So entsteht eine Konflikt- und Verbesserungskultur, die allerdings den beschriebenen Anerkennungsprozess benötigt, um wirksam werden zu können.

Kränkungen haben endlich ihren verdienten Raum. Es findet sich z. B. ein ehemaliger Chef des Einkaufs in der neuen Organisation als Stellvertreter wieder. Die Öffnung und Anerkennung ebnen den Weg, lösend und dementsprechend inhaltlich kooperierend miteinander zu handeln.

6. Step: Etablierung einer Feedback-Kultur

Die Etablierung einer funktionierenden Feedback-Kultur ist das Handwerkszeug einer Selbstverantwortungskultur. Das ist vom Chef zu initiieren und bis zu deren Etablierung sehr klar nachzuhalten.

Hier findet der eigentliche „**Soziale Quantensprung**" statt:

Sich Tatsachen konkret sagen. Nicht auf die Anklage warten, den Angriff von außen. Die eigene Wagenburgmentalität aktivieren. Sich schützen. Koalitionen bilden. Den eigenen „blinden Fleck" als Person und System ignorieren aus Angst, infrage gestellt zu werden. Die üblichen Abwehrsysteme in Vermeidungskulturen. Der Soziale Quantensprung heißt: sich selbst kritisch beäugen. Die eigenen Stärken benennen – die des anderen. Gewachsenes aussprechen und miteinander weiterentwickeln als Vision. Stolz sein auf die eigene Leistung. Schwächen benennen und konfrontieren – ohne Selbst- und Fremdanklage. Stärken entwickeln aus einem kritischen Standpunkt.

Was heißt das für die Praxis?

Die Menschen bekommen Zeit sich vorzubereiten. Zuerst wird der Chef den Mitarbeitern Feedback geben und sie ihm. Alle werden im Kreis sitzen und direkt sprechen. Die Zeit der „Hinterzimmergespräche" ist vorbei, Transparenz und Verantwortung sind oberstes Gebot.

Die Menschen werden von sich sprechen: von konkreten Sachverhalten, die förderlich sind, und jenen, die störend sind. Als Team machen wir das gemeinsam, um eine gemeinsame Verständniskultur dauerhaft zu entwickeln und voneinander zu lernen. Im Respekt vor mir und dem anderen.

Konkret wird folgendermaßen vorgegangen: Der Chef skaliert jeden Mitarbeiter von 0–10 anhand der Leitfrage: Wie werde ich als Chef bei meiner Aufgabenbewältigung unterstützt? Dann sammelt er die Punkte, die ihn unterstützen anhand konkreter Beispiele, und reflektiert, was das in ihm auslöst an Gedanken, Bewertungen und Gefühlen. Ebenso bei den Punkten, die ihn stören.

Anschließend gilt für die Mitarbeiter das gleiche Vorgehen: Sie beantworten Fragen dazu, wie sie geführt werden, ebenfalls mit der Methode der Skalierung zwischen 0 und 10.

Die nun herrschende gespannte Aufmerksamkeit ist ein entscheidender Punkt. Jeder ist mit dem Grad seiner Selbstverantwortung konfrontiert. Geht es doch um ein neues Denken: konkrete Sachverhalte mit mir zu verbinden, Verantwortung für die Inhalte und Aufgaben meiner Tätigkeit und meiner inneren Haltung hierzu zu übernehmen. Es geht darum, Stellung zu beziehen für mich selbst

Die Grundlage ist geschaffen. Der Chef geht als Vorbild voran. Genügend Zeit, um sich vorzubereiten, ist gegeben. Und nun geht es los.

Ich begleite den Prozess behutsam und direkt. Unterstütze den Lernprozess, anhand konkreter Beispiele von sich zu sprechen. „Sie sind engagiert, zurückhaltend, motiviert usw. ", das ist keine Kommunikation entlang der Feedback-Linie; solche Aussagen sind bewertend und als objektive Tatsachen präsentiert.

So kommunizieren wir normalerweise. Es ist ein Lernschritt zu verstehen, dass konkrete Benennung meint, eine detaillierte Situation zu schildern: "Als Sie gestern um 9.30 Uhr zu unserem gemeinsam vereinbarten Kundentermin kamen,

3.1 Führung und Change: Fusion zweier am Markt konkurrierender

eine halbe Stunde später als vereinbart, war ich ärgerlich und verunsichert." Das klingt anders als: „Sie sind nicht korrekt und unzuverlässig."

> Es gilt also zu verstehen und zu unterscheiden zwischen
>
> Wahrnehmung,
>
> Erklärung,
>
> Bewertung
>
> und dementsprechenden Gefühlen und Körperempfindungen,
>
> … und nicht meine Bewertung als objektive Beschreibung zu verstehen –
>
> das ist der „Soziale Quantensprung".

Diese Art zu kommunizieren ist äußerst herausfordernd, da ich massiv mit meiner Verantwortung konfrontiert bin und ich nicht mehr auf die üblichen „Externalisierungen", also Delegationen nach außen, verweisen kann: „Weil Sie so dominant sind, komme ich nicht zu Wort…", funktioniert nicht mehr innerhalb einer Verantwortungskultur. Verantwortlich mit Kommunikation umgehen heißt jetzt: „…Wenn Sie mich wie eben unterbrechen, ziehe ich mich zurück, entsteht bei mir das Bild von Dominanz und ich ärgere mich. Meine Erwartung ist eine genauere Abstimmung zwischen uns."

Das bedeutet, ich werde konkret, spreche über mich, übernehme für meine Wahrnehmung, meine Empfindungen und inneren Bilder und Bewertungen die Verantwortung, ohne den anderen zu verurteilen. Damit öffne ich den Raum, gegenseitige Erwartungen zu verstehen, zu klären und auf der inhaltlichen Ebene wirksam und funktionaler zu werden.

Zu Beginn ist die Situation noch angespannt, doch erstaunlicherweise ergibt sich eine rasche Lernerfahrung: So formuliert beginne ich die Bedürfnisse und Erwartungen meines Gegenübers erstmals wirklich zu verstehen, „… ich brauche Ihre Erfahrung zu dem Kundengespräch, deswegen erwarte ich die Pünktlichkeit …"

Und kann mich damit wirklich dem Inhalt zuwenden, ohne auf der Beziehungsebene mit meinen nicht ausgesprochenen Gefühlen balancieren zu müssen.

Zuerst „feedbackt" der Chef, ich frage zuerst die Skalierungen ab. Die Befürchtung vor Bloßstellung weicht der Vertrauenserfahrung auch und gerade im Konfliktfall. Vertrauen und Verstehen füllen den Raum.

Ebenso verhält es sich umgekehrt mit dem Chef. Erfolgspunkte werden notiert und Störungen protokolliert. Hier geht es um das Verstehen – die Konfliktverhandlungen mit konkreten Lösungen werden in verbindlich definierten Gesprächen nach dem Workshop nachgehalten.

Die Menschen sind zufrieden und erschöpft. Manche kämpfen noch mit ihrer Selbstverantwortung und der fehlenden Möglichkeit, andere für das eigene Befinden verantwortlich zu machen.

Nach dem Feedback Chef – Mitarbeiter und umgekehrt folgt nun die Vorbereitung für die Feedbacks mit den Kollegen. Dies wird eher ungewohnt sein, hat man doch miteinander eher über Dritte gesprochen …

Nach erster Scheu zeigt sich auch hier die Überraschung; denn spreche ich auch unliebsame Situationen konkret und auf mich bezogen an, wird Verstehen signalisiert, es entsteht eine Atmosphäre des Vertrauens.

Im ersten Feedback-Durchlauf sieht sich der Chef konfrontiert mit seiner Art, bei Ungeduld und unter Druck laut zu werden, seiner abweisenden und abwertenden Wirkung; nach genauer Nachfrage erfasst er die konkreten Situationen und Handlungsweisen, die zu diesem Bild führen. Er hört die Bedürfnisse der Mitarbeiter, ihr Interesse, von ihm, dem Chef, zu erfahren, wie es ihm ginge, wenn er sich beispielsweise „ unter Druck fühlt", „ihre Unterstützung braucht". Abwehr verwandelt sich in Annäherung.

Auch die Abteilungsleiter sehen sich konfrontiert: Welche Verhaltensweisen als „auf sich, den eigenen Bereich bezogen, abschottend" empfunden werden, welchen Ärger dies auslöse, welches Befremden, aus dem Blickwinkel des Geschäftsführers. Auch hier: Bedürfnisse und Erwartungen werden erstmals so definitiv formuliert: „Ich brauche Ihren übergeordneten Blick, Ihre Erfahrung und Kooperation mit Ihrem Stellvertreter, dies drückte sich konkret aus, wenn Sie mir detaillierte Empfehlungen, die Sie aus Ihrer historischen Unterschiedlichkeit der Unternehmensabläufe gewinnen, zukommen ließen …, und zwar bis Ende kommenden Monats."

Konkurrenz und verborgener Ärger verlieren ihre destruktive Wirkung, wenn sie einmal ausgesprochen sind. „Die Stellvertretung der Abteilungsleitung empfand ich als Degradierung. Ich zog mich zurück und verfolgte die Strategie, erst einmal abzuwarten…" Die Atmosphäre gewinnt an Lauterkeit und Integrität, Würde entsteht. Der jetzige Abteilungsleiter beginnt seinen nun stellvertretenden Kollegen verständnisvoll anzusehen. Hätte er sich nicht auch degradiert gefühlt – in umgekehrter Situation? Welche „unterirdische" Strategie hätte er gewählt?

> Verantwortung gebiert Verständnis
>
> Verständnis gebiert Dialog
>
> Dialog gebiert Kooperation

Erstmals verstehen sich die beiden und können mit der unliebsamen Situation „vernünftig" umgehen, diskutieren – nach der Feedback-Klärungsphase – den Modus Vivendi verantwortungsvollen Umgangs miteinander. Sie beginnen konkret miteinander die Notwendigkeiten zu erörtern: Ein ebenbürtiges

Führungsteam entsteht, ohne dass der Grundkonflikt gelöst wäre. Dieser allerdings wird verantwortlicher, würdiger und kooperativer gehandhabt.

▶ Vernunft und Ratio setzen Verantwortung für die eigenen Gefühle und gewählten emotionalen Strategien voraus:

Vernunft ist ein Ergebnis bewusster Intuition.

Der Feedback-Prozess schließt.
Der kulturelle Weg der Veränderung ist vorgezeichnet. Eine Vision erfüllt den Raum. Stärken und Schwächen des Status quo sind dezidiert benannt worden.

7. Step: Mission: Definition konkreter Veränderungsprojekte mit Aktionsplan
Vor diesem Hintergrund werden nun die wichtigsten Veränderungsthemen definiert. Jede Mannschaft wählt zur Verringerung der Komplexität drei Teilnehmer aus den eigenen Reihen. Der Geschäftsführer moderiert. Ein Stuhl bleibt frei für allfällige Einmischungen der restlichen Mannschaft.
Lebendig und kontrovers wird „um die Sache" gestritten. Immer wieder positioniert sich jemand von außen. Der Geschäftsführer moderiert und positioniert sich.
Nach zwei Stunden sind die markantesten Themenkomplexe definiert. Nun werden sie priorisiert. Die Rangfolge weist auf die Kernthemen hin.
Aus diesem Prozess entstehen drei Projekte. Devise hierbei ist: immer so viel als nötig und so wenig als möglich. Der Geschäftsführer definiert die für die einzelnen Themen zuständigen Mitarbeiter. Einwände werden diskutiert und Korrekturen vorgenommen.
Die einzelnen Projektgruppen definieren Titel, Arbeitspakete und Meilensteine. Das erste Arbeitstreffen wird definiert, Regeln werden vereinbart:
Selbstverantwortungskultur soll als wesentliches Primat betrachtet werden: „Mich stört ..." -als Konfliktmanagement-Regel, Feedback als Bestandteil der Teamtreffen.
Der Geschäftsführer sorgt für die Etablierung der Feedback-Kultur im Führungsteam, als fester Architekturbestandteil der Zusammenarbeit werden Raum, Zeit definiert und in Folge etabliert. Diese Rituale sind bis zu einer dauerhaften Etablierung auf der Verhaltensebene notwendig, bis die neuen Erkenntnisse sozusagen „neuronale Bahnen" ergeben und zu neuen Gewissheiten werden.
Jetzt werden noch die Teamentwicklungen in den einzelnen Teams vorbereitet. Die Führungskräfte sind aufgeregt. Wie können nun das Erarbeitete und die Themen in ihrer Verantwortung in die nächste Ebene transferiert werden?

Der Geschäftsführer möchte bei allen Veranstaltungen dabei sein und unterstreicht einerseits seine Ermächtigung und zeigt zweitens sein massives Interesse, den Veränderungsprozess zum Erfolg zu führen.

Der Abschluss gelingt, die Teilnehmer wirken nachdenklich und engagiert: Grundlegender Tenor sind die überraschende Wendung des Klimas und die Wirkung und Bedeutung eigenen verantwortlichen Verhaltens hierbei. Meine Begleitung wird aufgrund ihrer verhaltenen „Strenge" gelobt, sie habe maximale Selbstverantwortung ermöglicht bei gleichzeitiger sensibler Einhaltung der Integrität der einzelnen Menschen und notwendigen Bedingungen und Regeln. **Die „50-%-Regel" wird zum „stehenden Begriff".**

Jetzt beginnt der „eigentliche" Prozess in die Organisation. Für den Geschäftsführer bedeutet dies, seine Mannschaft zu ermächtigen, dieses eben selbst zu tun. Noch bestehen keine neuen Gewissheiten, aber eine neue Erfahrung ist innerhalb des Führungsteams entstanden. Es gibt also den Keim eines neuen Mythos einer neuen Geschichte, einer neu zu begründenden Identität, basierend auf unterschiedlichen Geschichten.

Jetzt sind zwei Momente unabdingbar:

Rituale sind nachzuhalten, die neue Architektur ist kulturell und inhaltlich zu etablieren, Erfolge sind zu benennen und als Ansporn für die Implementierung dieser zu nutzen. Dies macht die Funktion von Führung aus.

Jetzt stehen die Teamentwicklungen mit den Abteilungsleitern an; hier werde ich den Fokus auf aussagekräftige „Change"-Episoden legen.

▶ **Führung von Change-Projekten oder der Geschäftsführer als kultureller „Architekt"**

Die Gestaltung des Workshops (einschließlich der Coachings) enthält alle Bestandteile gegenwärtiger Führung und ist deshalb die Initiation in eine gegenwärtige Kultur selbstverantwortlicher Führung.

Mit meiner Begleitung sorgt der Geschäftsführer
für einen klaren Rahmen: **Sinn**, Anspruch, Ziele werden von ihm definiert.

Er sorgt weiter für die maximal sich **entwickelnde Beteiligung** der Mitarbeiter.

Führen bedeutet hier: **Raum geben für Ängste** und Befürchtungen.

Führen meint weiter: Raum öffnen für Historie und **Erfahrungen**.

Dem gemeinsamen Tun wird ein **gemeinsamer Sinn** verliehen („Vision und Identität").

3.1 Führung und Change: Fusion zweier am Markt konkurrierender

Führen meint weiter: mich („Chef") durch meine Mitarbeiter führen zu lassen,

die **Weisheit** zu nutzen, also Status- quo-Ermittlung durch GF und MA,

Selbstverantwortung und Feedback-Kultur zu installieren und

den Transfer zu verantworten: auf der kulturellen und inhaltlichen Ebene die neuen Bestandteile (Feedback/Projekte/Selbststeuerung) etablieren und nachhalten.

Dieser kulturelle Prozess ist jetzt vonseiten der Geschäftsführung initiiert, und zwar aufgrund des Erfahrungshandelns auf der kulturellen und inhaltlichen Ebene: Führung bedeutet also keineswegs, das „Zepter" aus der Hand zu legen. Führung ist eben für dieses Prozedere unabdingbar:

die Organisation dahin zu bringen, sich weitgehend selbst zu führen – dazu braucht es eine klaren Führung.

Dies alles allerdings mit einer diversifizierten inneren Haltung, denn die Geschäftsführung definiert Sinn, Ziel und Rahmen als markante Orientierungspunkte, **als unentbehrliche Bedingung selbstorganisierten Handelns.**

▶ Des Weiteren sorgt der Geschäftsführer für den Rahmen, damit Verantwortung vonseiten der Mitarbeiter wahrgenommen werden kann. Die Mitarbeiter sollen beteiligt sein an der Sinnstiftung, der Identitätsbildung der Organisation. Und den gemeinsamen Weg dahin mit Stärken und Schwächen analysieren, sich mit anderen auseinandersetzen und den Weg verantworten.

Führen bedeutet, zu entscheiden, eine Differenz herzustellen, mich also eben an dem Punkt der **„Komfortzone"** auseinanderzusetzen. Das kann auch zu einer Trennung führen, deshalb setzt selbstorganisierte Führung eben eine Entscheidung voraus: Simpel ausgedrückt, **„meine 50-%- Verantwortung"** zu übernehmen.

An dieser Stelle folgt ein Gesamtüberblick des Beratungsprozesses (Abb. 3.3):

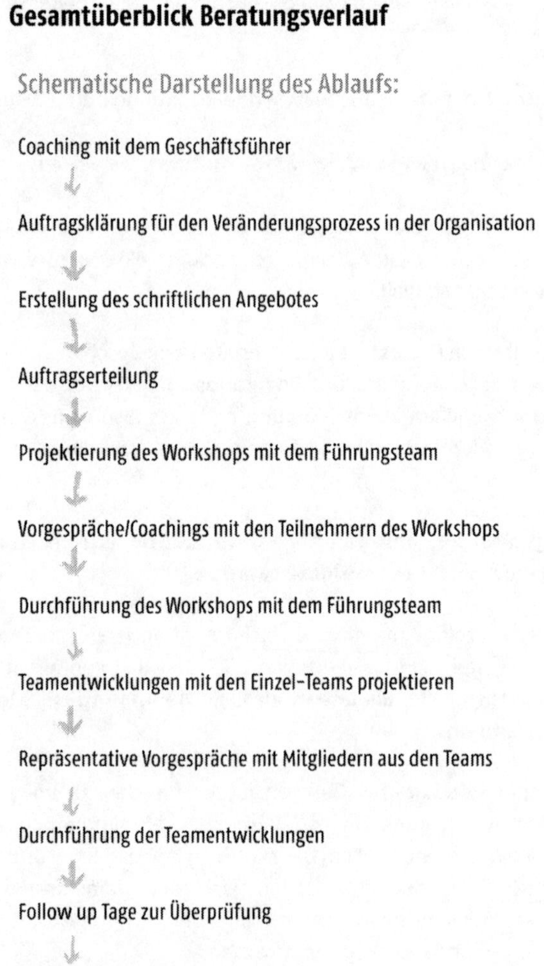

Gesamtüberblick Beratungsverlauf

Schematische Darstellung des Ablaufs:

Coaching mit dem Geschäftsführer
↓
Auftragsklärung für den Veränderungsprozess in der Organisation
↓
Erstellung des schriftlichen Angebotes
↓
Auftragserteilung
↓
Projektierung des Workshops mit dem Führungsteam
↓
Vorgespräche/Coachings mit den Teilnehmern des Workshops
↓
Durchführung des Workshops mit dem Führungsteam
↓
Teamentwicklungen mit den Einzel-Teams projektieren
↓
Repräsentative Vorgespräche mit Mitgliedern aus den Teams
↓
Durchführung der Teamentwicklungen
↓
Follow up Tage zur Überprüfung
↓
Coaching mit dem Geschäftsführer

Abb. 3.3 Gesamtüberblick des Beratungsprozesses

Teamentwicklungen mit den einzelnen Abteilungen
Repräsentative Vorgespräche mit Mitgliedern aus den Teams

Die nun folgenden Teamentwicklungen sind gut vorbereitet. Die Abteilungsleiter und ihre Stellvertreter wählten eine Anzahl „repräsentativer" Mitarbeiter aus, mit denen ich vorbereitende Gespräche führte – analog zu den vorbereitenden Gesprächen mit Coaching-Charakter mit den Mitgliedern des Führungsteams.

3.1 Führung und Change: Fusion zweier am Markt konkurrierender

Ich greife nun **zwei demonstrative Situationen** aus den Vorgespräch-Coachings heraus und beschreibe diese:

Das erste Gespräch innerhalb dieses Zyklus habe ich mit einem IT-Spezialisten, der mir – als Rebell angekündigt – schildert, wie absurd diese ganze Fusion sei, es an klarer Führung mangele, „bis dato war keiner da und befand es für nötig mal nachzufragen, was hier so lief in den letzten Jahren ...". Seine Strategie sei, „da bin ich ganz offen", so äußert er, „in gepflegter Anarchie einfach so weiterzumachen wie bisher, die italienisch-anarchische Variante einzusetzen, das bedeutet Anweisungen zu ignorieren ... und fröhlich den Alltag so zu gestalten, wie es mir passt...".

Zuhören, neugierig sein, nicht urteilend, gar verurteilend agieren – so ist meine Position als Berater. Ich muss mir überlegen: Welche Strategie wählen wir, um „zu überleben"?

Das Ziel, neben dem erwähnten Zuhören, ist es ja keineswegs, Verhalten zu qualifizieren und moralisch zu bewerten – also „von oben herab" zu beobachten und zu bewerten; entscheidendes Ziel ist vielmehr, diese Strategie „der anarchischen Kreativität" erst einmal zu hören und zu achten, um dann mit dem entscheidenden Punkt zu konfrontieren: „Es ist Ihre Entscheidung, eben diese Strategie zu wählen, geschuldet Ihrer Wahl, Ihren Erfahrungen und den beschriebenen Verhältnissen. Sind Sie bereit, dafür die Verantwortung zu übernehmen, oder machen Sie die Verhältnisse für Ihr Verhalten verantwortlich und verharren so in einer „illustren Opfer-Position"?"

An diesem Punkt entsteht Irritation, verurteile ich doch nicht, spreche ich also nicht als „Pressesprecher des Geschäftsführers", klopfe allerdings auch nicht fraternisierend auf die Schulter, sondern nehme den Mann aus der IT mit seiner Geschichte ernst und stelle in den Raum:

Ihre Strategie ist Ihre Wahl – Sie verantworten diese!

Diese Haltung ist die Voraussetzung, um über Erfolg/Misserfolg derselben zu bilanzieren.

Das heißt, wie erfolgreich ist meine Strategie, mich zu positionieren mit meinem Unmut und meinen dahinter verborgenen Bedürfnissen?

Nach der Irritation entsteht Auseinandersetzung. „Die sind doch mit ihrem Desinteresse und ihrer Inkompetenz, diesen Fusionsprozess zu gestalten, selbst dafür verantwortlich, wenn ich zu solchen Strategien greifen muss."

Das ist der Coaching-Punkt!

„Das sehe ich anders; die Führungskräfte tragen ihre Verantwortung, ich als Mitarbeiter meine, für meine Handlungen, die Erfüllung meiner Bedürfnisse, die Wirkung bei mir, die andere – also beispielsweise die empfundene Missachtung des Geschäftsführers – hervorrufen."

Die Argumentation wirkt, ich argumentiere „ebenbürtig", erzähle von meiner Affinität ähnlichen Strategien gegenüber bei empfundener Missachtung.

Nun entwickelt sich ein kreatives Finale: Was wären Alternativen, meine Bedürfnisse zu positionieren? Bin ich eigentlich an der Erfüllung meiner Bedürfnisse interessiert oder beharre ich auf meiner Strategie – aus purem Trotz? Und weil ich dem Bild folge, welches ich in einer Auseinandersetzung noch gar nicht überprüfte?

Nachdenklich verlässt der IT-Mann den Raum, und ich bin neugierig, wie dieser kreative, hoch motivierte Mann die kommende Teamentwicklung nutzen wird, um für sich und damit für den Veränderungsprozess einzutreten.

Das zweite Gespräch berührt ein Phänomen, das innerhalb von Veränderungsprozessen häufig entsteht. Ein sportlich-gebräunter Mann betritt den Raum und stellt sich charmant und beredt vor; er sei schon seit 39 Jahren bei der alten Organisation, die Lehre hätte er dort absolviert und hätte sich durch mannigfaltige Stationen und ein parallel zum Arbeitsprozess absolviertes Studium bis zum Leiter des Bereiches Einkauf hochgearbeitet.

Seit der verkündeten Fusion und der „Führungsrochade" sei er aufgrund der Zusammenlegung der Abteilungen nicht mehr, wie seit 19 Jahren, der Chef der Abteilung, sondern der Stellvertreter. Im Raum herrscht Schweigen. Der Mann senkt die Augen. Scham und Gefühle von Demütigung lassen sich erahnen. Nach einer gewissen Zeit spreche ich die vermuteten Gefühle an.

Da ist erst einmal nichts zu beschönigen und umzudeuten, und die üblichen – dem „positiven Denken geschuldeten" – Sätze wie „das müsste man jetzt aber als Chance sehen", sind fehl am Platze. Für mich bedeutet Achtung in solchen Augenblicken, mich in Situationen zu versetzen, in denen ich mich gedemütigt und beschämt fühlte. Dies ist für mich die einzige Legitimationsgrundlage, mich äußern zu dürfen.

Wichtig ist jetzt, nicht über schwer auszuhaltende Gefühle hinwegzuspringen, sondern sie auszuhalten – dies ist das Gebot der Stunde. Er erzählt mir über den langen Prozess der Vermutungen, indirekten Ankündigungen und den Kränkungen, die diese in ihm hervorgerufen haben, und die Wut, die dem folgte. Nach der „Exekution", ohne langes Gespräch und mit dem Appell zur Kooperation vonseiten des Geschäftsführers, befände er sich nun in einem Zustand „depressiver Passivität", einem Zustand „innerer Kündigung" und würde Ausstiegsszenarien aus der neuen Organisation abwägen.

Verständnis und Verantwortung sind meine Orientierungspunkte, das mir in dieser Stunde überantwortete „System" mit all meinen Kräften zu unterstützen.

Respekt vor Gefühlen bedeutet hier, diese anzusprechen, stehen zu lassen und mich dann einem Verantwortungsaspekt zuzuwenden:

Werde ich mir mit den gewählten Strategien auf Dauer gerecht, die aus den entstandenen Gefühlen resultieren?

Das ist der Coaching-Punkt.

Der Mitarbeiter soll den Fokus wieder zu sich nehmen und rauskommen aus der Opfer-Schleife. Der Mann schaut mich nachdenklich an. Wir mögen uns. Ich verstehe seine Gefühle und seine Reaktionen. Das merkt er, so ist meine Vermutung. Ich spreche diesen Umstand an – und er bejaht.

Jetzt ist die Grundlage für ein konfrontativeres Finale gegeben: Was wäre meiner perspektivisch würdig? Wie will ich für meine Erfahrungen einstehen? Mich im neuen Kontext positionieren? Mit Stolz mein Lebenswerk weitertragen? Diese Fragen berühren ihn und lassen eine neue Spur entstehen – ohne über den gegenwärtigen Zustand eine unlautere „rosarote Sauce" zu legen.

Sich mit den eigenen Gefühlen zu achten und für die gewählten Strategien verantwortlich zu werden, „das bedeutet für mich wiedergewonnene Freiheit", so schließt der erfahrene Mitarbeiter das Vorgespräch-Coaching.

Die nun folgenden Teamentwicklungen werde ich aus der Perspektive der eben geschilderten Szenen beschreiben. Ich habe bewusst eine ähnliche Dramaturgie gewählt wie in den Workshops mit den Führungskräften.

Teamentwicklung in der IT-Abteilung

Die Menschen sind neugierig, skeptisch, verhalten interessiert, zurückhaltend – das ganze Spektrum ist vorhanden; ich beginne meine Schilderungen mit der IT-Abteilung.

Die Atmosphäre ist aufgeschlossen mit einer gewissen Anspannung. Im Fishbowl nutzt der Geschäftsführer den Raum, sich mit seinen Zielen zu positionieren. Ein Blick in die Gesichter verrät Wachsamkeit und Misstrauen. Vieles von den nachvollziehbaren Zielen – so mein Eindruck – kann oder will nicht aufgenommen werden.

Woran es wohl liegen mag?

Dann kommt die Phase „Tacheles". Und es ist erstaunlich, nach meiner Einführung, die Selbstverantwortung wahrzunehmen, kommen die unterschiedlichen, historisch gemeinsam arbeitenden Parteien in Fahrt: Äußerst detailliert analysieren die Mitarbeiter der alten Organisationen den Prozess der Fusion und konstatieren sehr akribisch jene Momente, in denen sie sich schlecht oder gar nicht informiert, übergangen, gekränkt fühlten. Erstaunlicherweise entleert sich all dies nicht in einem nachvollziehbaren polemischen Schwall, vielmehr äußern sich die Menschen sehr differenziert:

Die fehlende Präsenz des Vorstandes bei den Geburtsdaten der neuen Organisation wird beklagt; weiterhin die mangelnde Präsenz des neuen Geschäftsführers und die Enttäuschung, nicht gefragt zu werden – zur Art und Weise, wie „wir eben unsere Arbeitsprozesse gestalteten, Entscheidungen herbeiführten usw.", oder wie „wir uns den Weg vorstellen, zu einer gemeinsamen Abteilung zu werden".

„Wenn dann allerdings Entscheidungen gefällt werden, die wir als aufgezwungen empfinden, entstehen Ärger und Widerstand, laut und leise – den Charakteren entsprechend."

Die Präsentationen geraten zu achtsamen Momenten: Es entsteht ein Klima des gegenseitigen Verständnisses. Der Geschäftsführer hört zu und übernimmt Verantwortung, für sich und seine Handlungen – und wie diese auf die Mitarbeiter wirken.

Dieser Akt, die eigene Wirkung zu verantworten, erzeugt den Nährboden einer beginnenden Kooperationskultur, „der hört zu, wie er wirkt".

Das ist der kathartische Augenblick innerhalb des Change-Managements.

Dann folgt die Überprüfung der Mitarbeiter, also das Momentum: „Wird er mich jetzt auch weiterhin hören und ernst nehmen?"

Das ist der Zeitpunkt, die „Verantwortungskultur" zu installieren – die „Innere Haltung" des „50 %" ist ja der eigentliche Kern des erfolgreichen Veränderungsmanagements. Menschen den Raum geben, zu konfrontieren, ihre Verantwortung wahrzunehmen.

Dieser Nährboden verdichtet sich weiterhin, denn jetzt besteht die Gelegenheit, Bewahrens wertes zu formulieren und zu Gehör zu bringen.

Naiv und illusorisch wäre es zu meinen, dass jetzt Momente von Glückseligkeit entstehen würden. Was entsteht, **ist ein erster Boden von Verstehen, also Akzeptanz, und erst Akzeptanz führt zu Selbstakzeptanz (und umgekehrt) und zur Möglichkeit, den anderen (und damit mich selbst) zu hören, aufzunehmen – ohne sich bedroht zu fühlen.**

Das ist der beschreibbare Status quo am Ende des ersten Tages – ein Beginn nach den eingekerbten Feindseligkeiten der letzten Monate.

Nach dem Abendessen beginnen die Visionsarbeiten in den nun gemischten Gruppen:

Motiviert und entspannt malen die Gruppen ihre Realität in der Zukunft und beginnen sehr detailliert auszuarbeiten, wie das konkret funktioniert.

Das vielleicht Erstaunlichste ist, wie die Menschen **nun bereit sind, aufeinander zuzugehen.** Vorschläge werden aufgegriffen, Defizite eingestanden. An mancher Stelle wird hart gerungen, alte Gewissheiten werden verteidigt, und es wird eingestanden, dass man sich durch die Unterschiedlichkeit gegenseitig befruchten könne.

Mich berührt in diesen Augenblicken die vernünftige Leidenschaft (oder leidenschaftliche Vernunft) für den eigenen, den beeinflussbaren Arbeitsbereich, die entsteht, wenn man die Menschen nur lässt respektive sie sich selbst lassen; wenn sie jegliches Korsett oftmals selbst auferlegter Restriktion abzustreifen bereit sind.

> **Die Schlüssel dazu sind Führung zur Selbstorganisation, Meta-Kognition und Bewusstsein.**

Während der Präsentationen wird deutlich, dass die Gemeinsamkeiten, die Visionen und deren pragmatische Umsetzung überwiegen. Die Atmosphäre vor der Teamentwicklung ließ auf das Gegenteil schließen. Werden jedoch die Dinge auf der Ebene angesprochen, auf die sie gehören – nämlich der emotionalen –, scheint sich der Blick für die sachlichen Notwendigkeiten zu schärfen.

Es entsteht durch die Auseinandersetzung und die beginnende Qualität der Kommunikation ein kollektiv offener Blick für die sachlichen Notwendigkeiten:

- Wie ist die Marktlage?
- Welche Standards unseres Tuns sind unabdingbar?
- Wie stellen wir uns unsere gemeinsame Kommunikation untereinander und mit unserem Chef vor?

Hier nun zeigen sich „Kompetenz und Weisheit" der Menschen, sie treten hervor mit kenntnisreicher Argumentation über das Marktgeschehen und die Erfordernisse in eigener Sache. Natürlich bleiben auch Differenzen. Gott sei Dank, allerdings nicht mehr im Rang absolutistisch formulierter Glaubenssätze, sondern eher positionierend, unterschiedlichen Erfahrungen geschuldet.

Es entsteht der Boden gemeinsamen Sinns und gemeinsamer Notwendigkeit. Der Raum ist plakatiert mit den Zukunftsbildern. Jetzt kommt der entscheidende nächste Schritt, die Einrichtung einer klaren und dauerhaften Verantwortungskultur in Form von Feedback.

Direkt und ohne Umschweife gibt zuerst der Geschäftsführer Feedback, spricht gerade „unserem Rebellen" gegenüber von seinem Ärger über die Verhaltensweisen, die als „Boykott und Sabotage" von ihm interpretiert werden, und seinen Erwartungen nach Unterstützung und Kooperation, die sich hinter seinem Ärger verbergen. So geht die ganze Runde. Keine Anklage – sondern Feedback. Und der Mann mit dem rebellischen Etikett spricht auch von sich, seinem Unmut über das Desinteresse, das bei ihm ankommt, wenn „ich die neuen Anweisungen per Mail erhalte und mich niemand, also in diesem Falle Sie, Herr Geschäftsführer, fragt und sich mit mir altem Hasen mal hinsetzt".

Plötzlich können sich die beiden in die Augen schauen, löst sich Feindseligkeit auf und es entsteht Verstehen. Verstehen über ähnlich gelagerte Bedürfnisse: Beide Parteien brauchen Unterstützung, Austausch und Auseinandersetzung – in Ebenbürtigkeit bei unterschiedlichen Rollen.

Diese Wendung eben in diesem „Fall" scheint erstaunlich, doch häufig drücken einzelne Teammitglieder mit extrem scheinenden Verhaltensweisen Defizite für die gesamte Kultur aus – das ist nicht anders als bei Familien mit „auffälligen Kindern".

Nicht immer lösen sich spannungsgeladene Situationen so in „Wohlgefallen" auf. Oft gerät Feedback zu klarer Positionierung – und benötigt weitere Gespräche, um definitiv zu verhandeln und konkret beobachtbare Situationen zu vereinbaren, die für beide vereinbar sind. Oder der Chef formuliert Erwartungen, die nicht diskutabel sind. Auch das steht ihm zu.

So entsteht Transparenz und Klarheit. Ergebnis ist ein Status von Leistungsdifferenzierung, der nur durch feedback-orientierte Positionierung eintritt: Streit um der Sache willen gelingt nur bei Öffnung der emotionalen Ebene: „Augen auf und durch".

Zum Abschluss dieser Teamentwicklung noch ein Satz zur Funktion von „auffälligen" Teammitgliedern: Ein Anteil des Verhaltens einer Person ist durch die besondere Charakteristik der Persönlichkeit, Historie etc. erklärbar. Eine andere Dimension ist allerdings der Kontext, innerhalb dessen wir uns verhalten: Hier mischen sich beide Seiten, bedingt durch „meine historisch und persönlichkeitsspezifisch entwickelten Vorlieben" verhalte ich mich als Person „systemimmanent", d. h. meiner Rolle, meiner Funktion entsprechend.

Hieraus entwickeln sich im Kommunikationskreislauf „sich selbst erfüllende Prophezeiungen", also sich selbstbestätigende Gruppengleichgewichte.

Ein „Symptomträger" ist immer der Hinweis auf eine „Dysfunktion" in der Gruppe:

Mangelnde Konfliktbereitschaft, also Vermeidung und Tabuisierung, führen häufig zu einem „identifizierten Patienten", also einem Teammitglied, das beispielsweise inadäquat aufbegehrt. Sind die Bedürfnisse der einzelnen Mitglieder im kulturellen Kontext nicht artikuliert, verstanden und auf Dauer nicht befriedigt und ignoriert, übernimmt in der Regel eine Person die Funktion, auf die Defizite hinzuweisen: die Funktion „auffälligen Verhaltens".

Teamentwicklung im Einkauf und Vertrieb

Beim nächsten Team finde ich die Situation einer empfundenen Entmachtung vor.

Das Einkaufs- und Vertriebsteam reist – oberflächlich betrachtet – als „ein Team" an; unter der Oberfläche gemeinsam signalisierter Kooperation verbirgt sich allerdings ein unangenehmer „Stellungskrieg", der auf der Ebene eigener Gewissheiten und der Diskreditierung der „feindlichen" ehemaligen Konkurrenten (innerhalb der neuen Abteilung) ausgetragen wird.

Die „Titanen" des Konflikts sind die beiden Abteilungsleiter, die beide die jahrzehntelange Zugehörigkeit zur historischen Organisation eint.

Es trennt sie die Entscheidung der Geschäftsführung, den einen zum Chef zu machen und den anderen zum Stellvertreter.

Der neue Chef der Gesamtabteilung ist noch einige Jahre älter, ein alter „Vertriebshase". Er repräsentiert das Selbstbild der den strukturierten Abläufen verpflichteten Organisation. Klar und deutlich formuliert er seine Ziele während des Fishbowls, spricht allerdings die spannungsgeladene Gesamtsituation keineswegs an. Der Stellvertreter sitzt – ihn mit Argusaugen beobachtend – im Kreis.

Dem alten Hasen und neuen Chef ist der Überdruss über die wohl anstrengende Konkurrenz-Situation mit seinem neuen Stellvertreter anzumerken. Ist das für alle so? Verbirgt er Ärger und Anstrengung doch mehr oder weniger gekonnt hinter einer altersweisen und professionellen Haltung, die inhaltlich glaubwürdig, jedoch aufgrund der vermiedenen Auseinandersetzung auch gekünstelt wirkt?

Es ist für Führungskräfte auch heute noch eher ein Tabu, über ihre Zweifel, Unsicherheit, ihren Ärger (jenseits von Feindseligkeit) oder gar Schmerz zu sprechen. Mit dem Eingestehen eigener Gefühle assoziieren Führungskräfte häufig mindernden Respekt oder gar Autoritätsverlust.

Zu beobachtender Fakt ist allerdings, gerade in unsicheren Zeiten, dass Führungskräfte, die „sich selbst verantworten", die also authentisch mit ihren unterschiedlichen Gefühlen umgehen, von Mitarbeitern aller Ebenen eher mehr Respekt erhalten und Glaubwürdigkeit attestiert bekommen.

Wer glaubt schon auf Dauer der täuschenden Souveränitäts-Maske? Entspricht sie doch keineswegs unser aller Antlitz, unseren gemeinhin brüchigen und widersprüchlichen Erfahrungen. Der Chef legitimiert seine Verantwortung für Sinn, Ziel, Inhalt und „Innere Verfasstheit", also Haltung seines Teams. Ganz antiquiert ist er hierfür das Vorbild. So wie er mit sich umgeht, so wirkt es kulturell in die Abteilung und Organisation.

Die Tacheles-Phase wirkt insofern befreiend, da der aufgestaute Unmut ein Ventil findet. Wie oben bereits beschrieben, ging es dabei um Ärger über das als rabiat empfundene Fusions-Prozedere, die unterschiedlichen Vorgehensweisen des Vertriebs und die Art und Weise, mit Kunden umzugehen.

Es scheint ein „Kulturkampf" zu entstehen zwischen den „Strukturierten", also denjenigen, die sich verbindlichen Abläufen verpflichten, und den „Chaoten" – also denen, die die flexible Antwort als Überlebensstrategie kreierten aufgrund finanztechnischer Achterbahnfahrten. Hinzu kommt der Mythos von der wirtschaftlichen Errettung der Chaoten durch die Strukturierten. Diese Mythologien begründen die Haltungen in den Teams und die Haltungen Einzelner.

Die Tacheles-Phase gerät eben deshalb zum Offenbarungseid.

Alle Unsicherheiten, Kränkungen sind hinter einer Fassade aus hochmütigem Gebaren der einen und trotzigem, indirekten Aufbegehren der anderen Seite verborgen.

So entscheide ich mich, die Feedback-Phase vorzuziehen – allerdings mit dem Chef und seinem Stellvertreter.

Während der Begleitung der beiden bleibe ich streng „am Ball", d. h., ich achte darauf, dass die beiden vollständig ihre Verantwortung übernehmen:

„Wenn sie mir alternativlose Anweisungen machen, werde ich ärgerlich, fühle mich gedemütigt", so der Stellvertreter.

„Ihr permanenter Widerspruch treibt mich zum Wahnsinn", ist die Aussage des neuen Chefs.

Konkrete Beispiele werden aufgezählt, Reaktionen benannt, in der „Ich-Form" gesprochen.

Doch was verbirgt sich hinter all dem aufgestauten Unmut?

Ich „übersetze": „Es ist kränkend und schmerzlich, nach so langer Zeit die Position des Chefs zu verlieren, das tut weh und macht wütend." Es entsteht Stille und Aufmerksamkeit im Raum. „Und aus Ihrer Perspektive haben Sie mit Ihrer Mannschaft einen – unter manchmal widrigen Bedingungen – äußerst engagierten und leidenschaftlichen Job gemacht. Das verdient erst einmal Anerkennung."

Die Fassade der gegenseitigen Feindseligkeit bröckelt. Die formulierten Ängste, für die eigene Leistung keinerlei Wertschätzung zu erfahren, diese Sorgen kennt jeder hier im Raum. Die Mimik des Stellvertreters entspricht den gesprochenen Worten: „Ja, ich bin gekränkt."

„Die Leitungsfunktion angeboten zu bekommen in einer solch anspruchsvollen Situation ist kein „Zuckerschlecken", da gesellen sich zu Erfahrung und Leidenschaft eines Vertriebsprofis auch Unsicherheit und Befürchtungen hinzu", spreche ich den Chef an.

„Schaffe ich das, die beiden Teams zu einen?

Wie setze ich meine Vorstellungen um, die sicher immer wieder im Widerspruch stehen zu den gewohnten Prozessen – besonders bei denen, die hinzukommen?

Habe ich überhaupt eine Chance zur Kooperation bei der empfundenen Entmachtung meines Stellvertreters?" Der Chef nickt. Das war und ist die Situation.

Dann können sich die beiden in die Augen sehen und verstehen den gegenseitigen Unmut, der weitestgehend das Resultat einer gemeinsamen Ohnmacht ist – in einer Täter-Opfer-Situation gefangen zu sein und damit die Teams unbewusst in Geiselhaft genommen zu haben.

Jetzt kommen die Bedürfnisse zum Vorschein, allerdings erst nachdem auch der Chef seinen Unmut in Form von konkreten Beispielen äußerte, jetzt ist es möglich, ohne die Situation ändern zu können, sie mit allen Wirkungen zu achten und zu respektieren. Das heißt:

Ich trage Verantwortung für die Wirkung meines Handelns – keine Schuld.

Nun können Bedürfnisse geäußert und gehört werden, nach gegenseitiger Unterstützung, nach Austausch, Diskussion und Infragestellung. Erst jetzt ist es möglich, über den gemeinsamen Alltag, die mögliche Rollenaufteilung und sich ergänzende Arbeitsweisen nachzudenken.

Dieser Part „öffnet der Teamentwicklung die Tür": Voller Inbrunst bearbeiten die ehedem unterschiedlichen Organisationen die Aufgabe, was sich bewahren sollte an „altem Wissen", es gerät zu einem ruhigen Austausch, die Abwehr ist eher gewichen.

So zeigt diese Teamentwicklung nun eine dem Sachlichen zugewandte Ebene auf. Sprich eine neue innere Haltung, die Konflikte bejaht ohne Feindseligkeit, einen Raum öffnet, persönlich Verantwortung zu übernehmen für die eigenen Gefühle und die Bedürfnisse dahinter. So geraten die Vision und der Feedbackprozess zu Momenten der Bewahrheitung einer „neuen Gewissheit": Kooperation ist möglich jenseits von Vermeidungsstrategien. Voraussetzung hierfür ist Mut, Mut mich zu verantworten. Von mir zu sprechen und nicht andere für mich verantwortlich zu machen. Am Ende der Sequenz bemerkt der Geschäftsführer anerkennend lächelnd, dass es nun gilt dranzubleiben.

Es gibt kein treffenderes Bild für Veränderungsbegleitung als die Beschreibung im Roman „Tagebuch einer Schnecke" von Grass (1998).

▶ Der Kern systemischer Beratung folgt dem Grundsatz der Selbstorganisation. Für den Berater bedeutet dies: so viel Präsenz und Intervention von seiner Seite wie nötig, so viel Abstinenz wie möglich – im Vertrauen auf die Ressourcen des Systems, also der Organisation.

Geplant und empfohlen sind jetzt ein „Follow up" mit dem Kernteam nach ungefähr sechs Monaten und Coaching-Sequenzen mit dem Geschäftsführer nach Bedarf.

Wesentlicher Bestandteil dieser Arbeit ist die immer wieder notwendige Entscheidung, sich mit dem Verantwortungs-Modell auseinanderzusetzen und die eigene Innere Haltung bei Rückschritten und „Widerständen" überprüfend zu bestätigen mit der Konsequenz, sich deutlich und präsent zu positionieren und notwendigen Konflikten mit Mitarbeitern und Vorständen standzuhalten.

Hierzu bedarf es während der Kapriolen des operativen Alltags der Unterstützung – manchmal mit konfrontativem Charakter vonseiten des Beraters für die Führungskräfte, speziell für den Geschäftsführer.

Während dieses Prozesses sind bemerkenswerte Phänomene zu beobachten: Die Selbstverantwortung der Mitarbeiter wird größer, es findet mehr Auseinandersetzung statt, der Grad der Selbstorganisation innerhalb der Projekte steigt, und die Rolle der Führungskräfte beginnt sich sukzessiv neu zu definieren: Verantwortlich für das „Übergeordnete", beginnen sie sich mehr und mehr aus dem operativen Alltagsgeschäft zurückzuziehen. Der Beginn der realen „Lernenden Organisation".

Erreicht ist nun ein höherer Grad an Bewusstsein für die eigene Verantwortung. Daraus resultiert eine größere Freiheit, das eigene Verhalten zu beeinflussen. Jegliche Opfer-Mythen können ad acta gelegt werden. Und dementsprechend beharrlich kann dieser innere Zustand bei sich und den Menschen um sich herum durchgesetzt werden.

Dieser Moment der Selbstführung pflanzt sich nun in das kollektive Bewusstsein der Organisation. Die Aufgabe der Führung besteht maßgeblich darin, **die Mitarbeiter dazu zu führen, sich selbst zu führen.**

So entsteht ein leistungsorientiertes Unternehmen im wahrsten Sinne des Wortes: Menschen, die aus sich heraus bereit sind, sich zur Verfügung zu stellen, sich zu messen und auseinanderzusetzen.

So entsteht eine leistungsdifferenzierende Kultur – kritischem Feedback verpflichtet, positiver Anerkennung zugewandt.

Zusammenfassung

Eine Fusion zweier Unternehmen hat stattgefunden, aber nicht der Prozess auf kultureller und personeller Ebene. Diese Situation führte zu Unzufriedenheit, Konflikten und Auseinandersetzungen im neuen Unternehmen, bei den Mitarbeitenden auf allen Hierarchiestufen. Die Führung hat gehandelt und einen Prozess eingeleitet, der den kulturellen Wandel unterstützen und die Situation verbessern soll. Ein außenstehender Berater soll das Vorgehen planen und begleiten.

Um einen Veränderungsprozess auf der Ebene von Haltungen einzuleiten, braucht es Raum und Zeit und den Willen der Führungsperson, sich darauf einzulassen. Die Schritte, die notwendig sind, um den Change-Prozess auch auf kultureller Ebene erfolgreich einzuleiten, werden aufgezeigt mit präzisen Schilderungen. Mit Coachings der Führungsperson, mit Workshops und Einzelgesprächen gelingt es dem Berater, ein Scheitern der Fusion zu verhindern und eine Verantwortungs- und Feedbackkultur einzuführen.

3.2 Teamsteuerung: Formierung eines Hochleistungsteams aus dem Bereich des Bankwesens

In dieser zweiten Fallstudie geht es um die Entwicklung eines Teams im Bankwesen. Es wird sichtbar gemacht, wie sich Teamleistungsfähigkeit optimieren lässt. Dazu gehört es, Selbstverantwortung zu initiieren und eine Kooperationskultur einzurichten. Wie können Synergien zwischen den Menschen genutzt werden? Um Antworten auf solche Fragen zu finden, wird in diesem Kapitel geschildert, wie wichtig das Reflektieren auf der Meta-Ebene ist, um ein Team leistungsfähiger zu machen. In den beiden Workshops geht es um Vision und Feedback, um den Status quo und supervisorische Elemente.

3.2.1 Status quo

Den 33 Jahre jungen Abteilungsleiter lerne ich während mehrerer „offener" Führungstrainings (Trainings, zu denen Führungskräfte und Mitarbeiter aus unterschiedlichen Unternehmen kommen) intensiv kennen; er zeichnet sich durch seinen Mut aus, unbekanntes Terrain „geradezu erobern" zu wollen. Mut und große Herzlichkeit sind zentrale Charakteristika seiner Persönlichkeit. Sein analytisches Vermögen geht mit sehr klar formulierten Tugenden einher, direkte Ansprache und ein integrer Umgang sind für ihn unabdingbar – der Begriff der Tugend ist für ihn von hoher Bedeutung.

Auch hat er den großen Ehrgeiz, seine Aufgaben bestmöglich, mit hohem Perfektionsanspruch, zu absolvieren. Allerdings ist ihm intrigante Machtausübung fremd.

Die Idee der Selbststeuerung, die Idee, seine fachlich-analytische Kompetenz mit seiner sozialen Intelligenz zu verbinden und professionell zu nutzen, trifft ihn nicht nur in einem Kernbedürfnis seiner Persönlichkeit. Sie entspringt den Bedürfnissen, die während der ersten Berufsjahre entstanden sind.

Schon während der Veranstaltungen spricht er mich in einer Pause auf eine auf ihn zukommende Herausforderung an: **die Formierung seines Teams zu einem Hochleistungsteam.**

In einem längeren Auftragsklärungsgespräch nähern wir uns seiner Perspektive der Situation an.

Er weiß um die fachliche Brillanz seiner Mitarbeiter, so sagt er. „Doch blockieren wir uns auf geradezu kreative Weise gegenseitig; immense Ansprüche an die eigene Person stehen sich gegenüber und verhindern häufig den Austausch aus Angst vor fachlicher Entblößung. Eher ruhige und stille Mitarbeiter sind geradezu „autistisch" tätig; extrovertiertere haben Mühe, ihren Ärger zu unterdrücken, da sie sich nicht unterstützt fühlen und meinen, sie müssten schweigen, ansonsten würde ihnen das negativ angekreidet. Der Einzelne im Team scheint massiv überfordert, scheut sich allerdings, um Unterstützung zu bitten."

Auf meine Frage, wie er selbst als Chef es handhabe, entgegnet er, er würde ebenso funktionieren und wüsste um die Paradoxie seiner Aussage.

Eben hier entstünde der Beratungsbedarf. Wie können wir um Unterstützung bitten, ohne „uns grundlegend verändern zu müssen"? Er schätze ja das leidenschaftliche Engagement von sich und seinen Mitarbeitern, hier allerdings hätte dies perspektivisch destruktive Folgen.

Weiterhin sähe er ganz deutlich, dass die Leistungsfähigkeit des Teams aufgrund der Selbstbezogenheit bei Weitem nicht da ist, „wo ich – aufgrund der einzelnen Talente – uns gemeinsam sehe – nämlich in der Spitzenzone der Teamleistungsfähigkeit".

Das, so mein Auftraggeber, würde allerdings Selbstoffenbarung und Kritikfähigkeit voraussetzen, dazu wäre ein verändertes kulturelles Verständnis vonnöten.

Darüber hinaus hätte er einen älteren, auf die 60 zugehenden Mitarbeiter, der sich in hohem Maße mit der Bank identifiziere, ein fachliches Ass, der jedoch die gewandelte Unternehmensstrategie nicht teile. „Nicht nur nicht teilt, sondern sich massiv verletzt und brüskiert fühlt", da ehemalige Kollegen diese Strategie so entschieden hätten und er schlichtweg nicht mehr gehört würde, geschweige denn noch partizipierte. „Ich achte ihn fachlich sehr, als Person mag ich ihn, seine abfälligen Verhaltensweisen allerdings, zum Beispiel zynische und abwertende Äußerungen der Organisation gegenüber, sind katastrophal."

Die Jungen verwirrt und ärgert die Diskreditierung der Bank. „Das kann ich nicht zulassen, gleichzeitig möchte ich diesen verdienten Mann anständig behandeln und eine Perspektive mit ihm entwickeln."

Abschließend schildert er die Unternehmenskultur der Bank als sehr vermeidend, eher zustimmend. Aber im Hintergrund sei es übliche Kultur „mehr oder weniger intrigant Strippen zu ziehen". Hinzu käme ein sehr hierarchisches Denken, das sich mit einer „behördenähnlichen Historie" erklären ließe.

Das Ziel heißt: die kulturelle Selbstverantwortung zu initiieren und zu etablieren. Dabei soll eine Kooperationskultur installiert werden, die Synergien zwischen den Menschen ermöglicht und damit eine ihrer individuellen Brillanz entsprechende Teamkultur entstehen und wachsen lässt.

3.2.2 Entwicklungsperspektive

Das ist ein spannender Auftrag für mich; hier begegne ich Menschen mit einem ausgeprägten Eigenantrieb, hoher Motivation und der Bereitschaft, ihr Äußerstes zu geben, so meine Phantasie und Hypothese.

Mein Auftraggeber bucht den ersten Teamentwicklungsworkshop. Wichtig ist ihm, genug Zeit zu haben. Zeit, um inhaltlich, also an Vision und Strategie, zu arbeiten.

Ebenfalls Zeit, um dem Prozess der kulturellen Entwicklung des Teams genügend Raum zu eröffnen. Er betont, wie dezidiert wichtig ihm die dauerhafte Installierung einer kritischen Konfliktkultur sei: Feedback als zentraler Bestandteil gemeinsamer Kommunikation.

Sowohl das Zusammenspiel höflicher Zustimmung ihm gegenüber und untereinander als auch das Fehlen einer klaren Konfliktkultur müsse sich wandeln. Seinen Worten entnehme ich Ungeduld, das gängige Phänomen bei Menschen, die, mit hohem Antrieb ausgestattet, das Erlernte und Entwickelte in eben dem immanenten „Leistungsmuster" in ihren Alltag implementieren möchten, nein, müssen.

Hier wird das Janus-Gesicht dieses Auftrags deutlich: Welches Glück, einer solchen Auftragsklarheit und Eindeutigkeit zu begegnen als Ergebnis persönlicher Entwicklung und persönlichen Lernens. Andererseits die Paradoxie, dass der Antrieb zur perfekten Leistung so nur noch mehr Nahrung erhält und dementsprechend den Kommunikationskreislauf des Teams mindestens unbewusst befeuert.

▶ **Die Paradoxie der Erkenntnis:** Wir begreifen etwas, uns wird etwas bewusst, beispielsweise die Bedeutung der „Innere-Haltung-Ebene" für die Leistungsfähigkeit. Daraus resultiert die Bedeutung von Gefühlen für meinen Auftraggeber. Diese Erkenntnis setzt dann entsprechend unsere übergeordneten Glaubenssätze in Gang („ich muss allen Anforderungen nahezu perfekt entsprechen", „ich muss hohe Leistung bringen, um geliebt zu werden oder die Anerkennung zu erhalten").

Wir wähnen uns grundsätzlich verändert und machen erstaunlicherweise doch nur mehr desselben:

äußerlich wirken wir verändert, folgen jedoch innerlich „nibelungentreu" den alten Glaubensmustern.

Die eigentliche Veränderung spielt sich auf der Meta-Ebene unserer Gewissheiten ab:

Sind diese mir bewusst, und was würde es bedeuten, sie infrage zu stellen? Das ist dann die Arbeit an der eigenen Konstruktion unserer Identität für das Individuum und für die Organisation. Der Blick auf das kulturelle Wesen, den gemeinsamen Mythos gerichtet, der in Werten und Gewissheiten, Stimmungen und Haltungen seinen Ausdruck findet.

„Jedermann erfindet sich früher oder später eine Geschichte, die er für sein Leben hält." (Frisch 2011)

3.2.3 Beschreibung der Beratungsstrategie

Die Meta-Ebene ist für die Entwicklung dieses Teams von immenser Bedeutung – für jeden Einzelnen persönlich und für die kreative Leistungsfähigkeit des gesamten Teams. Meine Hypothese ist die, dass die Ebene der Inneren Haltung eher leicht zu entwickeln ist. Diese Annahme beruht auf der hohen Verantwortungsübernahme und Leistungsbereitschaft der Mitarbeitenden. Die Herausforderung wird eher sein, die Menschen aus dem selbstgewählten Joch von individuell abgeschotteter Hochleistung heraus zu begleiten, eine kulturelle meta-kognitive Ebene zu installieren. Diese soll ihnen die Wahl ermöglichen, zu entscheiden, ob sie im alten Modus fortfahren oder alternierende Handlungsweisen ausprobieren wollen.

Für den ersten Workshop planen wir Vision/Status quo und Feedback – fokussiert auf den Auftraggeber. Für den zweiten Workshop ist eine Mischung geplant aus der weiteren Feedback-Installierung zwischen den Mitarbeitern, der Beleuchtung des Status quo und supervisorischen Anteilen. Das heißt, das Team arbeitet an operativen Themen, wir unterbrechen und reflektieren auf der Meta-Ebene die Wirkungen der Inneren Haltung auf den Arbeitsprozess und umgekehrt.

Meine letzte Hypothese ist die Bedeutung von Entspannung, wertschätzendem Feedback und Humor für das der protestantischen Arbeitsethik so verpflichtete Team. „Wir müssen auch närrisch sein", wird der Perfektionsjunkie Steve Jobs zitiert.

Zentrale Entwicklungsepisoden

1. Workshop
Der Start des ersten Workshops gelingt fulminant.
Ein herzlicher, hoch motivierter und glänzend vorbereiteter Chef gibt einen glaubwürdigen Einstieg – und zwar auf der Ebene der Inneren Haltung und der

3.2 Teamsteuerung: Formierung eines Hochleistungsteams

Sache. Er formuliert die Ziele, die er mit den Menschen gemeinsam erreichen möchte, spricht von seiner Vision für die strategisch bedeutsame Abteilung der Bank und sorgt mit seinen Worten und der Art, wie er diese vorträgt, für höchste Präsenz: Allen „coolen Klischees" zum Trotz sieht man ihm Aufregung und emotionale Bedeutung dieses Workshops, dieses Anlasses, förmlich an. Konzentriert gewinnt er das Team für sich mit seiner Glaubwürdigkeit.

Allerdings ist hier auch die Vorbereitung zum Widerspruch angelegt. Eifrig notieren sich die Kollegen Kernaussagen und bereiten ihre Positionierung vor.

Schon zu Beginn kristallisiert sich die hohe Eigenverantwortlichkeit innerhalb des gesamten Teams heraus. Eine Eigenverantwortlichkeit, die sich durch intellektuell-fachlichen Anspruch und hohe Aufgabenerfüllung auszeichnet. Die emotionale Offenheit und Direktheit des Chefs, sein Mut, sich schon anfangs mit seinen Gefühlen – auch seiner Aufregung und Unsicherheit – zur Verfügung zu stellen, ist eine bedeutsame kulturelle Erlaubnis für das Team, innerhalb des Entwicklungsprozesses die eigene Definition von Verantwortung erweitern zu können und zu dürfen – im kulturellen Gegensatz zu den üblichen Verhaltensmodi der Bank.

Lebendig und leidenschaftlich gestaltet sich dieser erste Workshop. Es wird an der Vision und ihrer Umsetzung gearbeitet. Dankbar gehen diese Menschen mit ihrem Chef in den Feedback-Prozess. Noch sind sie sehr sachlich fokussiert. Nun üben sie aber, direkt von sich zu sprechen, Erwartungen zu klären – überhaupt die Dinge jenseits aller Verklausulierungen offen anzusprechen. Der Chef macht's vor.

Schon in dieser Phase wird die „Malaise" dieses Teams deutlich: Gemeinsam integrieren sie auch dieses Element der Effizienzsteigerung – die Kommunikation selbstverantwortlicher zu gestalten –, um noch perfekter ihren Ansprüchen gerecht werden zu können. Ein Kreislauf beschleunigt sich – eben durch die gewonnenen Erkenntnisse.

Diese Paradoxie ist im Augenblick unabänderlich und wird im Verlauf zum Veränderungsthema werden. Dafür wird eine Auseinandersetzung über die Prämissen der Teamkultur sowie die Glaubenssätze der Einzelnen vonnöten sein. Doch dies kommt später.

Jetzt gibt es einen befreidenden Moment, auch Unmut dem Chef gegenüber äußern zu dürfen, Diskrepanzen aufzudecken zwischen gegebenen Versprechen dem Team und konträren Zusagen dem nächsten Vorgesetzten gegenüber. Da wird geklärt und Achtung entwickelt vor Situationen, die von Druck und Erwartung geprägt sind, sich selbst, dem Team und den Vorgesetzten gegenüber. Oft sind es unhaltbare Situationen – die schmerzliche Erfahrungen für alle Beteiligten und Enttäuschung hervorzurufen. Vor allem dann, wenn nicht darüber gesprochen wird – weder inhaltlich und emotional.

Der Chef ist sehr zufrieden, die Entwicklungsschritte entsprechen seinen Vorstellungen. Herausfordernd ist für ihn allerdings der Umgang mit seinem sehr geschätzten, schon älteren Kollegen, der – mit fachlicher Brillanz ausgestattet – gleichzeitig die Entwicklung sabotiert.

Das Drama eines begabten Mitarbeiters (in Anlehnung an Alice Millers „Drama des begabten Kindes", 1983) ist die Geschichte eines Mannes, der seit bald 30 Jahren die Geschicke der Bank beeinflusst – und zwar über viele Jahre hinweg an maßgeblicher Stelle. An einem historischen Punkt muss es zu Divergenzen in der Führungscrew der Bank gekommen sein mit der Konsequenz der Wegscheide: Der begabte Mitarbeiter fand sich in einer isolierten Situation wieder, gestaltete seitdem seine Karriere innerhalb einer Stabsfunktion und war folglich der Mitgestaltung der Bank an hierarchisch maßgeblicher Stelle enthoben.

Der äußerst sensible Mann macht einerseits mit Akribie und Leidenschaft seine Arbeit in der Abteilung, lässt allerdings keine Gelegenheit vorüberziehen, die strategischen Entscheidungen des Top-Managements und deren alltägliche Konsequenzen vehement infrage zu stellen, gar anzuprangern.

Die jungen Kollegen reagieren daraufhin einerseits verwirrt, respektieren sie doch die Fachkenntnis des Kollegen, sind aber gleichzeitig peinlich berührt, können sie die von Zynismus geprägten Einlassungen inhaltlich kaum nachvollziehen. Denn diese beziehen sich auf Entscheidungen, die aus ihrer Perspektive lange vor ihrer aktiven Zeit in der Institution liegen.

Die höflich-vermeidende Unternehmens- und Teamkultur erlaubte bis zum jetzigen Zeitpunkt kein Ansprechen der Befindlichkeiten oder gar ein Ansinnen zur Klärung der herausfordernden Situation.

Der Chef befindet sich in einer misslichen Lage, einerseits möchte er den sichtlich schwer gekränkten Mitarbeiter respektvoll bis zu seinem Ausstieg begleiten. Er kann es jedoch andererseits nicht dulden, dass der Mitarbeiter die Basis ihres Tuns nicht nur anklagt, sondern versucht, die Kollegen von der Bedrohung und Sinnlosigkeit zu überzeugen.

So gerät der Umgang des Teams mit dem Mitarbeiter zum entscheidenden Moment der ersten Teamentwicklung: Wie kann es gelingen, auch hier klar, unmissverständlich und wahrhaftig zu sein?

Wie ist es möglich, (Führungs-)Verantwortung zu übernehmen, die unselige Situation des Mitarbeiters, die – neben Schmerz und Kränkung – auch egozentrische Anteile enthält, zum Wohle des Teams zu unterbrechen?

Beeinflusst dieser vermiedene Konflikt doch die Leistungsfähigkeit der Gruppe, gelten doch für den einen gänzlich andere Maßstäbe.

3.2 Teamsteuerung: Formierung eines Hochleistungsteams

Hilfreich sind sicherlich mein Respekt und meine Wertschätzung für diesen empfindsamen, gekränkten Mann, der sich – mindestens unbewusst – dafür entschieden hat, diesen Status quo des „Hofnarren" als Rolle und Überlebensstrategie zu wählen. Respekt meint allerdings auch, ihn mit der Wirkung seines Verhaltens konfrontieren zu dürfen, und dies, aus dem Blickwinkel der Führungskraft, auch zu müssen.

Mit Wertschätzung und konfrontativer Klarheit begleite ich den Chef während des Feedback-Prozesses. Er äußert dezidiert die Achtung vor den Kompetenzen und der Geschichte des Mitarbeiters und bricht ein Tabu, indem er die fatalen Wirkungen, die das Verhalten des langjährigen Mitarbeiters nach sich zieht, nicht mehr unter den Tisch kehrt. Jetzt konfrontiert er, benennt die geschilderten Wirkungen – ohne Anklage und Verletzung der Integrität.

Der Abteilungsleiter formuliert sehr deutlich seine Erwartungen an den gekränkten Mitarbeiter, nämlich eine konstruktive Grundhaltung einzunehmen und sich zum „Wohle der Bank und des Teams zu verhalten". Er konkretisiert seine Erwartungen auf der Verhaltensebene: Er möchte die eigenen Erfahrungen zur Verfügung stellen und sich so oft als möglich in bestehende Projektteams vernetzen, die eigene Interpretation der Unternehmenspolitik als subjektive Meinung darstellen – weniger als „objektives Glaubensbekenntnis".

Das Eis der Vermeidung ist nun gebrochen; das Thema des Mitarbeiters reduziert sich auf eine offen geführte Kontroverse und dominiert nicht mehr den kulturellen Alltag mit einer Beeinträchtigung der Leistungsebene.

Der Konflikt ist nicht gelöst, allerdings verändert sich der Umgang mit demselben gravierend. Dies drückt sich in einer geklärten Atmosphäre aus. Die formulierten Bedürfnisse machen den Blick frei auf die getroffenen Vereinbarungen, und das Team verlässt den ersten Workshop motiviert.

Unterstützend wirken sicherlich das empathische Verständnis und der gezollte Respekt für den gekränkten Mitarbeiter, aber auch die offen geführte Kontroverse, bei der die Dinge beim Namen genannt werden – kann der Mitarbeiter doch dadurch den „Problem-Status" verlassen. Oder er ist gezwungen, eine alte Gewohnheit, respektive „Überlebensstrategie" im Kontext des Teams zu verändern.

▶ Gleichzeitig katapultiert dieser Veränderungsprozess das kulturelle Teamgeschehen auf eine luzidere Ebene des Bewusstseins:

Verantwortungsübernahme als oberstes Primat konstruktiven und leistungsorientierten Handelns – dies auf inhaltlichem Level und der Ebene der Gefühle, Bewertungen und Erfahrungen.

Abbildung 3.4 skizziert Elemente des Konfliktmanagements.

Ablauf Konfliktmanagement

Selbstführung → • **Evaluierung** des Status Quo
• **Differenzen** erkennen
• **Unterschiede** benennen

• **Eigene Gefühle** wahrnehmen (z.B. Wut)
• **Strategien** nach aussen identifizieren (z. B. Vermeidung)

• **Neue Strategie erlernen** (Umgang mit sich selbst)
• **Gefühle und Erwartungen** ausdrücken

Prozess-Steuerung von Teams, bilateralen Prozessen und Beziehungen

Abb. 3.4 Ablauf Konfliktmanagement

Ein gutes halbes Jahr liegt zwischen dem ersten und zweiten Workshop. Mehrere Telefonate mit dem Chef ergeben ein differenziertes Bild: Einerseits ist das Zusammenarbeiten aus seiner Perspektive direkter, geradliniger und Konflikten gegenüber aufgeschlossener geworden, und der ältere Mitarbeiter ist konstruktiv integriert. Insgesamt ist der Chef sehr zufrieden.

Allerdings gibt es ein erstaunliches Phänomen: Die höhere Leistungsfähigkeit aufgrund der höheren Verantwortung auf der Ebene der Inneren Haltung scheint einen sich selbst anheizenden Ehrgeiz des Teams zu generieren, den gemeinsamen Output noch mehr zu steigern. Symptome sind Erschöpfungs-Syndrome, geradezu Erscheinungen von Verzweiflung. Dies zeigt sich gerade bei den jungen Mitarbeitern, die reüssieren möchten.

3.2 Teamsteuerung: Formierung eines Hochleistungsteams

Für den nächsten Workshop scheint eine Auseinandersetzung über die Glaubenssätze und Prämissen des Teams indiziert – neben der notwendigen Begleitung eines intensiven Feedback-Prozesses, um das Team dabei zu unterstützen, den eigenen Bedürfnissen zuzuhören, die tabuisiert scheinen.

Vor der zweiten Veranstaltung hatten wir einen gemeinsamen Coaching-Termin, der die Selbstführung des Chefs zum Thema hatte. Der 33 Jahre junge Mann hat zum gegenwärtigen Zeitpunkt eine beachtliche Karriere absolviert und erntet die Früchte beharrlichen, zielstrebigen, ehrgeizigen Einsatzes. Dies verbunden mit klassischen Tugenden: Pflichtgefühl, Ehrlichkeit, Zielstrebigkeit und Mut. Besonders markant stechen seine Bodenständigkeit und Leistungsorientierung hervor. Eben diese Leistungsorientierung wurde zum Thema dieses Treffens: Segen und Fluch des Versprechens, das er seinen Kollegen, dem Vorstand und den Abteilungen gab, mit denen er zusammenarbeitete. Versprechen meint das Signal des Chefs, ad hoc und in höchster Qualität allen formulierten Ansprüchen und Anliegen gerecht zu werden. Ein Segen, weil die Abteilung in kürzester Zeit im Ruf höchster Kompetenz und Leistungserfüllung stand, sich erhebliche Reputation erwarb. Fluch, da sich hier ein sich selbst nährendes System entwickelte: Je besser der Ruf, desto mehr wurden Anliegen formuliert, denen er wiederum gerecht werden musste.

Musste?

Hier beginnt ein sensibler Teil des Coachings, ist der Chef doch mit seinem eigenen, inneren System konfrontiert:

- Wann ist es denn genug?
- Welche Leistung muss ich erbringen, um mich anerkannt, bestätigt und geliebt zu fühlen?

Der erste Schritt ist, die eigene Selbstwahrnehmung in den Blick zu nehmen:
Was nehme ich von außen wahr, welche Gefühle löst das aus? Welche Gedankenspiralen weisen mich auf meine Glaubenssätze hin? Die Beobachtung seiner selbst ist der erste Schritt, zu sich selbst Distanz herzustellen. Der Beginn, die eigenen Gedanken und damit verbundenen Gefühle als Anteil der eigenen Person wahrzunehmen, und nicht dem Trugschluss zu erliegen, die eigenen Gedanken und Gefühle und damit einhergehenden Konstruktionen seien die ganze Person oder die unausweichliche Identität.

Diesen Prozess nenne ich den Beginn eines Selbstdialogs mit den eigenen Gedanken, Sätzen und oft unausweichlich wirkenden Schlussfolgerungen. Durch diesen inneren Dialog erhalte ich Handlungsvollmacht über meine inneren

Entscheidungen, ventiliere Alternativen, beginne Verantwortung für mich und die Wirkungsweisen zu übernehmen, die meine innere Haltung steuert.

Muss ich diese Spirale selbst befeuern? Das fragt sich der Chef. Er registriert Erschöpfung, Syndrome von Leere, wenn sich auch nachts Gedanken nicht mehr stoppen lassen, er sich davon terrorisiert fühlt, es gleichbleibend „schaffen zu müssen".

Im Schatten verborgene Stimmen treten mit in den Dialog: „Ich bin auch gut genug, wenn ich beginne für mich zu sorgen, mich zu begrenzen, d. h. konkret meinen Leistungsanspruch zu achten und dementsprechend Grenzen zu ziehen, für mich und die Absicherung meines Standards." Die Erkenntnis reift, nur in diesem „erlaubenden Dialog" „sich selbst" gerecht werden zu können.

Und gleichzeitig empfindsam zu werden mit der eigenen Grenze, die sich worüber eigentlich zeigt? Über Gefühle und Körperempfindungen mein inneres Navigationsgerät zur „Selbststeuerung".

Gefühle von Überdruss, Ärger, Wut, Verzweiflung weisen mich auf den notwendigen Dialog hin, der mir wohl – so der junge Chef – oft genug nicht gelingen wird.

Warum?

Aus purer Gewohnheit, das Übliche zu tun, das alte Muster zu bestätigen.

Eben für diesen Moment der „ewigen Wiederkehr" nach Nietzsche (2012), des Spiegels und des Kreises als Grundprinzipien lebender Systeme, benötigen wir einen liebevoll-wachsamen Blick für uns selbst. Wichtig ist dies in Grenzsituationen, wenn sich der „Autopilot" anschaltet und „ich es eben irgendwann bemerke" – das ist der Unterschied. Ich darf „mich eben dann selbst verantworten, mir beobachtend erlauben, meine Erwartungen zu klären, um Unterstützung bitten oder etwas ablehnen".

Ein abschließender Schritt für dieses intensive Coaching ist die Benennung, das Gewahrsein der unabdingbaren Instanz, die die sofortige Umsetzung des Gelernten erwartet und bei Zuwiderhandlung verurteilend reagiert.

Diese bewusst anzuvisieren, „ist für mich existenziell", so der Chef, „mache ich doch sonst auf der erlernten Ebene nur mehr desselben – Leistungserfüllung und gleichzeitige Missachtung ergänzender Bedürfnisse."

„Be soft and gentle" mit dir, dürfte ein wirkungsvoller Satz für all die sein, die talentiert sind, selbst zu verantwortende Leistungsmuster zu etablieren.

Welches ist nun der existenzielle, weitere Schlüssel für inneres Change-Management?

„Über das Du zum Ich", so Buber (2002). Vom inneren Team zum äußeren Team, wie lässt sich die Prozesssteuerung des Teams so gestalten, dass sich Ressourcen ergänzen und ich bei meinen inneren Veränderungsbemühen Unterstützung erhalte?

Folgende Abbildung zeigt den Ablauf eines Coachings (Abb. 3.5):

Schematischer Ablauf eines Coachings

Exakte Wahrnehmung – klares und deutliches Feedback –
Übersetzung in eine wertschätzende Sprache

Evaluierung des Status Quo
Genaue Umfeld-Analyse
↓

Bewusstwerdung der Eigenverantwortung
durch Feedback und Selbstwahrnehmung der eigenen Gefühle
↓

Entwicklung von selbstverantwortlichen und
überprüfbaren Strategien
↓

Umsetzung und Überprüfung

Abb. 3.5 Ablauf eines Coachings

2. Workshop

Der zweite Workshop beginnt in gleichermaßen aufgeschlossener wie angespannter Erwartung. Der Abteilungsleiter startet mit einem Resümee in eigener Sache, selbstkritisch räumt er ein, es versäumt zu haben regelmäßige Feedback-Gespräche zu führen und zu initiieren. Er führt dies auf das operative Pensum und den eigenen Leistungsanspruch zurück.

Er zeigt sich sonst angetan von der Leistungsbereitschaft und der direkten Kommunikation, die sich im Team sukzessive entwickelt hätte. Defizitär scheint ihm die Vernetzung und Synergie zwischen den Teammitgliedern zu sein. Er wiederholt schlussendlich seine Verantwortung für das „Führungsdefizit" und erwartet sich dezidiertes Feedback vom Team.

In Supervisionsphasen möchte er diesmal das entwickelte Verhalten konkret ausprobieren und direkt in den inhaltlichen Alltag implementieren – eine Themenagenda hätte er dabei ...

Woran machen die Workshop-Teilnehmer den Veränderungsprozess fest?

Unisono schildern die Menschen zwei herausstechende Phänomene: Die Erwartungen, Zieldefinitionen und Absprachen seien konkreter formuliert und dadurch verbindlicher, auch die Kultur direkter Ansprache hätte sich dauerhaft positiv, das heißt beobachtbar effektiver entwickelt. Das Teamerleben sei vitaler und lebendiger, kontroverser und offener.

Einzelne Teammitglieder äußerten sich wie folgt:

„Das drückt sich in lebhaften, divergenten Gesprächen aus, es wird heute eher als Genuss empfunden, wenn Meinungen aufeinanderprallen."

„Die Auseinandersetzungsstrategien sind konfrontativer, die eigene Position wird mit mehr Nachdruck vertreten, nicht gegen den Auseinandersetzungspartner, eher für den, der die Meinung vertritt."

„Und gleichwohl versinken wir häufig im Morast der auf uns lastenden Projekte, pflegen den notwendigen fachlichen Austausch und „vergessen uns selbst", versäumen es Bedürfnisse zu formulieren, uns gegenseitig zu konfrontieren."

„Da ist kulturell eine immer wieder unsichtbar auftauchende Grenze, eher in die alte Vermeidungskultur zurückzufallen als lebendiges, neues Terrain zu erobern. Als wäre es nicht angemessen, beispielsweise um Unterstützung zu bitten, Überforderung einzugestehen."

„Und das bei diesem Chef, der aus unserer Perspektive die immanenten Erwartungen an Disziplin und Leistungsbereitschaft extrem nach oben schraubt, allerdings sich selbst zum Maßstab nimmt und sich zu allem Überfluss noch offen und konfliktbereit zeigt, was es sehr schwer macht, seinem eigenen Ärger, seiner eigenen Überforderung und temporären Verzweiflung Ausdruck zu verleihen."

Jetzt ist der Gordische Knoten geplatzt.

Der massive Druck, der auf den Menschen lastet, weicht. Zwei Mitarbeiter geben ihrer Verzweiflung Ausdruck und weinen. Das tut gut – zu erleben, dass ein Raum entstehen kann, seine Gefühle zu zeigen ohne darin unterzugehen.

Das Team lernt in diesem Augenblick, die eigenen Gefühle als Navigation zu nutzen, sich selbst zu verantworten und das eigentliche Thema zu lokalisieren:

Wie lautet unser unbewusster Glaubenssatz bezüglich Leistung, Erfüllung und Benennen von Bedürfnissen, Erwartungen und Grenzen?

Und zwar in mir als Person, im Teamprozess und an den Außengrenzen, d. h. zu den anderen Abteilungen und gegenüber dem Vorstand?

Nun beginnt ein ziemlich dynamischer Auseinandersetzungsprozess. Der eigene Schmerz wird formuliert, der eigene Ärger eingestanden, der Ärger gegenüber dem Chef, sich so „mangelhaft abzugrenzen, immer diese maximalen Versprechen zu geben". Damit einher geht jetzt ziemlich rasch die Erkenntnis, einen Teil der Selbstverantwortung unbewusst auf den Chef delegiert zu haben. Auch wird deutlich, dass der konfliktäre Austausch im Team und mit dem sogenannten Vorgesetzten entscheidende Bedeutung hat.

3.2 Teamsteuerung: Formierung eines Hochleistungsteams

Um zum eigentlichen Tabu zu kommen:
In diesem Auseinandersetzungsprozess kristallisiert sich heraus, wie wichtig es ist, die eigenen Glaubenssätze und die des Teams ins kritische Visier nehmen zu können. Jetzt beginnt ein aufregender Prozess für den Chef, hat sich doch sein inneres System auch außen etabliert. Und jetzt beginnt er zu begreifen, mit Herz, Hand und Verstand (nach Pestalozzi (2001)), in welchem Zusammenhang Selbst- und Teamführung stehen. Und wie sich in diesem Moment die Verantwortungskultur des Teams etabliert, sich vernetzt, jenseits von Auf- oder Abwertung. Es ist notwendig, sich selbst infrage zu stellen, um die eigenen Erfolgsfaktoren benennen zu können und Schattenbereiche zu lokalisieren. Und um beginnen zu können, verantwortlich mit ihnen umzugehen.

Das Team agiert gestärkt. Es benennt Bedürfnisse nach Begrenzung und konkreten Vereinbarungen. Die Lösung liegt nur zum Teil in uns selbst und einer bewussteren Steuerung. Ein anderer Lösungspart ist die Kommunikation ohne Scheuklappen untereinander, beispielsweise sollten die Teammitglieder vom Chef nicht die Abgrenzung erwarten, mit der sie sich selbst schwertun – welche Erkenntnis!

Erleichterung macht sich breit und die Gewissheit, dass es dreier Dinge bedarf, um diesen evolutionären Status zu etablieren:
Leidenschaft, Disziplin und Humor.

▶ Die neue Prämisse? Wir freuen uns an unserer Leistungsbereitschaft und unserem maximalen Engagement und übernehmen die Verantwortung, konstruktive Grenzen zu setzen.

Zusammenfassung

Ein Team soll sich wandeln. Die Führungsperson will einen Teamentwicklungsprozess einleiten und engagiert einen externen Berater, der die Planung und Moderation der Workshops übernimmt. Wichtig ist es, genug Zeit zu haben, um inhaltlich an Vision und Strategie arbeiten zu können. Dabei soll auch ein Raum entstehen, um den Prozess der kulturellen Entwicklung des Teams anzuschieben.

Mit dem verhandelten Design gelingt es dem Berater aufzuzeigen, was eine kritische Konfliktkultur bedeutet, weshalb Feedback eine derart wichtige Rolle spielt bei der Kommunikation unter den Mitarbeitenden und mit der Leitung.

Die Führung und das Team stehen unter Hochleistungsdruck und zeichnen sich durch eine hohe Eigenverantwortlichkeit, aber auch Perfektionismus aus. Mit Hilfe des Beraters werden im Feedback-Prozess Erwartungen, Bedürfnisse und Haltungen geklärt. Eine Verantwortungskultur beginnt Fuß zu fassen, und es wird allen begreiflich, in welchem Zusammenhang Selbst- und Teamführung stehen.

Abbildung 3.6 zeigt den Ablauf eines Teamentwicklungsworkshops.

Schematischer Ablauf eines Teamentwicklungsworkshops

Exakte Wahrnehmung – klares und deutliches Feedback – Übersetzung in eine wertschätzende Sprache

Effizienz Check-Up
Wie gut bin ich unterstützt?
Wie gut bin ich geführt?

Installierung einer leistungsorientierten Feedbackkultur
Skalierung 0 – 10: Wie hoch sind meine Ressourcen genutzt?

Das heißt:
- Störungen benennen
- Erwartungen klären
- konkretes Benennen des Status Quo aufgrund der Stärken, Schwächen und Störungen

Überprüfbare Strategien entwickeln
Zu effizienterem Arbeiten anhand von konkreten Situationen und Arbeitsweisen

Abb. 3.6 Ablauf eines Teamentwicklungsworkshops

3.3 Entwicklung der Unternehmenskultur: Unternehmensübergabe in einem Handelsunternehmen

In einem Handelsunternehmen steht ein Generationenwechsel an. In diesem Beispiel wird aufgezeigt, wie eine Unternehmenskultur durch ein gezieltes Entwicklungsprogramm verändert werden kann. Nach der Schilderung des Status quo wird in der Beratungsstrategie dargelegt, mit welchen Schritten, Inhalten und Methoden an den Veränderungszielen gearbeitet werden soll. Auch hier bilden die beiden Elemente Selbstverantwortung und Feedback die Grundlagen von gezielter Veränderung.

3.3.1 Status quo

Das Unternehmen ist mehr als 100 Jahre alt und seit der Gründung in der Hand der Gründerfamilie. Immer noch ist der Name ein klingender, ein traditioneller, für Qualität stehender.

Wenn man sich umhört, hat der Name allerdings eher etwas der Vergangenheit Zugewandtes, er wird mit einer Tradition in Verbindung gebracht, eher mit Geschichte als mit Gegenwart.

Noch finden sich die Produkte in jedem Supermarkt, ist der Schriftzug jedem bekannt.

Doch die Gegenwart dieses Produktes findet woanders statt, wird mit anderen Namen konkurrierender Firmen assoziiert.

Noch macht die Organisation mehr als eine Milliarde Umsatz, allerdings nimmt der Gewinn ab.

Die Familie steuert den Tanker mit angestellten Geschäftsführern ruhig und zuverlässig durch die Fährnisse und Wirrungen der sich verändernden Märkte, Produkte und Bedürfnisse der Konsumenten. Ruhige Zuverlässigkeit ist auch ein Merkmal der Unternehmenskultur.

Oder ist dies die beschönigende Formulierung für Stagnation und den Glauben, das Erfolgsrezept der letzten 100 Jahre sei auch das Erfolgsrezept für das vor uns liegende Jahrhundert?

Oder ist es so, dass beide Perspektiven Gültigkeit besitzen?

Die jetzige Generation ist im Begriff sich zurückzuziehen. Aus der Familie tritt ein junger Nachfolger hervor, der bereit ist, operativ und gestalterisch Verantwortung zu übernehmen.

Alle Hoffnung konzentriert sich auf ihn. Das Vakuum der Übergangsphase dauert schon seit Jahren an – und ein Ende ist nicht in Sicht.

Die Konkurrenz agiert seit einigen Jahren sehr erfolgreich, es hat das Produkt und die dazugehörende kulturelle Landschaft neu erfunden.

Ein Star fungiert als Werbeträger – das Traditionsunternehmen wird so täglich mit den eigenen Defiziten konfrontiert.

Die Stimmung im Unternehmen ist abwartend, eher kontrolliert, konservativ im besten deutschen Sinne. Von der Stimmung in der Hauptverwaltung her gesehen – ziemlich konventionell – ist das Unternehmen einem Deutschland verpflichtet, das sich eher in den 60er-Jahren lokalisieren ließe – bar jeder Frechheit, bar jeder Kultur, Konflikte und Auseinandersetzung als Gewinn und nicht als Störung zu betrachten.

3.3.2 Entwicklungsperspektive

Die Chefin für Personal- und Führungskräfteentwicklung hat eine Entwicklungsidee, die sie mir vorstellt:

Wäre es nicht sinnvoll, die gesamte Unternehmenskultur durch ein gezieltes, maßgeschneidertes Programm für Nachwuchsführungskräfte zu entwickeln? Wir führen ein erstes Gespräch über mögliche Elemente eines solchen Programms, sein Wesen, die Art und Weise des praktischen Vorgehens und die theoretischen Annahmen, auf denen das Vorgehen fußt.

Unser Dialog gestaltet sich lebendig, humorvoll und geprägt vom unbedingten Willen der verantwortlichen Chefin für Führungskräfteentwicklung, ein Programm zu etablieren, das die Selbstverantwortung der Mitarbeiter maximal herausfordert. Das Programm soll auf praktischen Erfahrungen gründen. Diese sollen reflektiert werden, und der Lerntransfer in das Unternehmen soll maximal gewährleistet sein.

Nun geht es um die Erarbeitung der gesamten Architektur eines solchen Programms. Dabei fußt die Arbeit auf drei Säulen:

Die eine Säule umfasst mehrere Workshops exakt definierter Themen. Diese ermöglichen aufgrund des unternehmerischen Settings intensive Lernerfahrungen jenseits der Komfortzone und werden durch kognitive Modelle unterfüttert.

Die zweite Säule fußt auf konkreten Projekten, die unternehmensrelevant sein müssen und ein straffes Mentoring beinhalten. Innerhalb dieser Projekte finden sich die Teilnehmer in Kleingruppen zusammen, um zu anspruchsvollen Ergebnissen zu kommen, das im Workshop Erlernte zu trainieren und gleichzeitig in die Unternehmenswirklichkeit zu transportieren. Hiermit wird für die wirtschaftliche Sinnhaftigkeit des Entwicklungsprogramms gesorgt, und die Plausibilität des Erlernten und Entwickelten wird auf der ökonomischen Ebene legitimiert.

3.3 Entwicklung der Unternehmenskultur

Die dritte Säule fußt auf der engen Vernetzung mit den Führungskräften der Organisation. Dies geschieht durch gute Vorbereitungen auf die Rolle während des Programms sowie begleitende Coaching-Sequenzen für die Teilnehmer und die Einbindung von ihren Führungskräften.

Dieses Design implementiert auf evolutionärem Weg Elemente einer der Selbstverantwortung und der konfliktären Auseinandersetzung verpflichteten Kultur, ohne der etablierten Kultur den Respekt zu versagen. Ganz im Gegenteil, erst mit der Würdigung der „alten und etablierten" Kultur kann eine Ergänzung gelingen, die allerdings auch in Auseinandersetzung stattfinden wird.

3.3.3 Beschreibung der Beratungsstrategie

Ziel des Entwicklungsprogramms soll sein, die Organisationskultur zu beeinflussen. Dahinter verbirgt sich die simple Idee, mit jungen Nachwuchsführungskräften oder schon älteren, erfahrenen Mitarbeitern zwei Ziele zu erreichen: Talente in der Organisation zu identifizieren und zu fördern und damit Multiplikatoren der Veränderung zu entwickeln.

Der offizielle Start ist ein Kick-off, zu dem die zukünftigen Teilnehmer und ihre Vorgesetzten eingeladen werden. Mit von der Partie sind auch die verantwortlichen Mitarbeiter aus der Personalabteilung.

Der Auftakt ist von unterschiedlichen Spannungsmomenten geprägt:

„Was und wer kommt auf uns zu?", dies drücken Gebaren und Blicke der Teilnehmer aus. Neugierig und gespannt sind auch die Führungskräfte: Was wird dieses Programm wohl mit ihren Mitarbeitern machen, welche Auswirkungen wird es auf den operativen Alltag haben? Wie werden sich das begleitende Projekt, die Lernerkenntnisse und die temporäre Abwesenheit am Arbeitsplatz gestalten? In welcher Rolle agieren sie in diesem „Entwicklungsprogramm"?

Dann beginnt der erste Tag: Mit einer persönlichen Vorstellung meinerseits und ersten Impulsen zu Grundsätzlichem unserer Arbeitsweise: „mit Herz, Hand und Verstand", also erfahrungsorientiert mit reflektiven Anteilen. Die Bedeutung der „Verantwortungskultur" wird hervorgehoben sowie die Bedeutung, die „Innere Haltung" mit der Präzision auf der inhaltlichen Ebene zu verbinden.

Gut gelaunt stellen sich die Teilnehmer anhand einiger Leitfragen vor. Thematisiert werden die persönliche Führungsgeschichte, das eigene ideale Führungsbild, eher gegensätzliche Führungsvorstellungen, ein Symbol für die eigene Führungspersönlichkeit, sowie die eigenen Entwicklungsziele. Die sollen später in einen Entwicklungsvertrag münden, der von den Teilnehmern, der Führungskraft und der Repräsentantin der Personalentwicklung unterschrieben wird. Die

Atmosphäre ist inzwischen von heiterer Neugierde geprägt, und ich stelle nun das Programm vor, erläutere die Architektur und erzähle über die Inhalte der einzelnen Workshops.

Im nächsten Step initiiere ich eine Arbeit an der Kultur der Organisation. Die Führungskräfte bilden unterschiedliche Gruppen und beschäftigen sich mit dem Profil einer Führungskraft in fünf Jahren:

Was ist an Kompetenzen erforderlich, um das Unternehmen der nahen Zukunft kompetent führen zu können?

Der Auftrag heißt: Definieren Sie bitte die fünf wichtigsten Tugenden, die die Führungskultur der Organisation auf den Punkt bringen

Die Gruppen stehen an Flipcharts und beginnen lebhaft zu diskutieren und sich kontrovers auszutauschen:

Die Teilnehmer des Programms beschäftigen sich simultan mit dem Auftrag, ein Business-Theaterstück vorzubereiten, zwei Akte in selbst zu wählendem Genre, Komödie, Drama oder Kabarett.

Thema des ersten Aktes ist „Typisch Führung – heute in zwei Szenen", das Thema des zweiten Aktes ist die „Vision von Führung in der Zukunft".

Auf humorvolle Weise setzen sich die Menschen mit ihrer Kultur auseinander, übernehmen Verantwortung und präsentieren dann in erwartungsvoller Form ihre Ergebnisse.

Die Präsentationen geraten zu spannenden Lehrstücken der Organisationskultur:

Äußerst interessiert lauschen die Mitarbeiter den Arbeitsergebnissen ihrer Führungskräfte und wirken fast erstaunt, wie klar die alten, wertvollen Tugenden benannt werden, zu denen auch Pflichtgefühl, Ehrlichkeit, Verbindlichkeit gehören. Sie wirken noch erstaunter, als sich sogar während der Präsentation ein Disput ergibt, welche Tugenden und dementsprechend welches Profil die Führungskraft der Zukunft zu erfüllen hat.

Hier streitet ein eher „Bewahrender" mit einem „Erneuerer", und mit diesem Disput stehen sich unterschiedliche Bewertungen über Vergangenheit und Zukunft gegenüber; sie stehen stellvertretend für das Veränderungsklima innerhalb der Organisation.

Der hohe Wert dieser Veranstaltung manifestiert sich in der transparenten Lebendigkeit der Auseinandersetzung, die die augenblickliche Unlösbarkeit der divergierenden Auffassungen aufzeigt. Eine Auseinandersetzung zwischen denen, die beispielsweise die konsensuale, eben auch Konflikte vermeidende Kultur als Erfolgsschlüssel nicht nur der Vergangenheit, sondern auch der Zukunft sehen, und denen, die einem konfliktären, widerspruchsorientierten Paradigma das Wort reden.

3.3 Entwicklung der Unternehmenskultur

Die Theateraufführungen geraten zum humoristischen Höhepunkt. Mit „Tiefenernst" gelingt es den „Jungen" doch, auf geradezu kabarettistische Art und Weise Nutzen und Desaster der tradierten Führungskultur auf den Punkt zu bringen.

Ein Plädoyer für die alten Tugenden verbindet sich mit einer Demaskierung geradezu infantiler Zustände aus indirekter Kommunikation, Schuldzuweisungen, Konfliktvermeidung und Abschottung.

Trotz aller Kritik, oder vielleicht gerade deswegen, ist die Stimmung inspiriert und spannungsgeladen – jedenfalls sehr lebendig.

Der Nachmittag steht im Zeichen der Projekttitel. Die zuständigen Projektsponsoren werben selbst für ihre Projekte. In einem dynamischen Auswahlprozess bilden sich drei Teams um drei unterschiedliche Themen; zwei Themen werden nicht gewählt.

Es gestaltet sich ein lebendiger Tag mit einer humorvollen und ernsten Dimension, die kulturelle Wirklichkeit in den Blick zu nehmen.

Gleichzeitig gelingt es, auf spielerische Weise einer selbstverantwortlichen und transparenten Kultur einen Raum zu geben, in dem sich Konflikte und unterschiedliche Perspektiven austauschen lassen – jenseits verhärteter Rituale, ohne ein „Auf-sein-Recht- Beharren".

Ganz nebenbei lernen sich die Teilnehmer kennen, bekommen Orientierung über das Programm und treffen eine Projektentscheidung.

Abschließend klären wir noch die bedeutende Rolle der Führungskräfte:

Mit Feedback-Gesprächen sind sie eingeladen sich auf dem Laufenden zu halten, klar ihre Erwartungen zu formulieren und die Entwicklungsziele auf der Verhaltensebene im operativen Kontext gemeinsam mit den Teilnehmern zu überprüfen.

Workshop 1: Projektmanagement

Dieser erste Workshop gerät zum Arbeitsmarathon, werden doch die Methoden des Projektmanagements anhand der Bearbeitung der Projektthemen gelernt und gleichzeitig angewendet. Die Teamkonstellation ist ja eben erst entstanden und das Projektthema ist noch fremd, zudem extern gesteuert. Also besteht noch keine Identifikation – (ist noch nicht zum „Eigenen gemacht") das Team hat sich das Thema noch nicht zu Eigen gemacht.

Dieser Prozess beginnt jetzt. Das Thema ist in eine klare Zielsprache zu übersetzen, eine Umweltanalyse mit der Identifikation der wichtigsten Player zu verbinden, die Tragfähigkeit des Themas zu überprüfen und dies in einen Projektauftragstext zu übertragen. Dies alles war arbeitsaufwendiger als gedacht und mündet in eine erste Präsentation, Die einzelnen Teams stehen vorne und präsentieren Auftrag, Ziel und Wesen des Projekts. Die anderen Gruppen notieren achtsam mit, überprüfen Glaubwürdigkeit auf der inhaltlichen Ebene und der Ebene der Inneren Haltung. Das Feedback wird erst nonverbal gegeben, dann verbal. Ein Team nach dem anderen ist an der Reihe: Aufstehen bedeutet volle Akzeptanz, Sitzenbleiben bedeutet bedingte Akzeptanz und Auf-den-Boden-Setzen bedeutet, dass beide Ebenen eine unglaubwürdige Wirkung aufweisen.

Danach folgt ein detailliertes Feedback mit konkreten Empfehlungen. Die Teams, die präsentierten, schreiben mit, um in den folgenden Stunden die Verbesserungen zu verarbeiten. Eine engagierte Stimmung mischt sich mit Erstaunen.

Auch für eher alte Projekthasen ist es erstaunlich, welchen Sinn das Durchdringen des Projektthemas macht:

- Verstehe ich das Thema eigentlich, habe ich es vollkommen durchdrungen und stehe dementsprechend als Team dahinter?
- Wer übernimmt welche Rolle?
- Was sind unsere Ziele?
- Wie ist unsere Strategie zum formulierten Ziel?
- Wer spielt innerhalb der Organisation eine oder mehrere Rollen, und wie machen wir diese Menschen zu unseren Verbündeten?
- Gibt es ähnliche Projektthemen in der Organisation und „politische Implikationen", die zu beachten sind?
- Welche Regeln installieren wir für unsere Zusammenarbeit, und wie wird unser Konfliktmanagement bei Abweichungen aussehen?

Schlussendlich entsteht eine Projektarchitektur mit der Formulierung von Arbeitspaketen, strategischen Perspektiven und Rollenverteilungen. Es sollen Verbündete gewonnen, Netzwerke installiert, Recherchen initiiert werden.

Müde und zufrieden verlassen die Projektteams die Veranstaltung. Sie sind allerdings auch herausgefordert, wichtige Projekte zu stemmen. Das bedeutet einen erheblichen Zeitaufwand, der zum täglichen Job hinzukommt, und neugierige Projektauftraggeber, die auf Ergebnisse warten.

Hier etabliert sich ein wesentliches Merkmal des Entwicklungsprogramms:
Dieses Programm mag spielerischen Charakter haben, ist jedoch kein Spiel – das ist der Unterschied.

▶ In hoher Verbindlichkeit und sofortiger Übersetzung des Gelernten entstehen praktische Erfahrungsräume, die die Veränderungsenergie des Unternehmens stimulieren und „neue Erfahrungen und damit

3.3 Entwicklung der Unternehmenskultur

Wirklichkeiten" konstruieren, die dann – aufgrund des Erlebens – irreversibel sind.

Workshop 2: Führung live 1

An dieser Stelle arbeite ich mit der Inszenierung von „Live-Fällen" aus der Führungswirklichkeit.

Anfangs setzen sich die Teilnehmenden alleine und dann in Konstellationen zu dritt mit dem eigenen Führungsprofil, den eigenen Strategien in herausfordernden Situationen auseinander. Zudem sollen weiterhin Entwicklungsziele auf der Verhaltensebene formuliert werden.

Zum Beispiel:
Ein Gespräch mit dem Chef aufgrund Unstimmigkeiten mit der neuen Vertriebsstrategie.

Ein Kritikgespräch mit einem Projektmitarbeiter aufgrund mangelnden Engagements.

Ein Gespräch, in dem der Mitarbeiter von einer anderen Tätigkeit überzeugt werden soll.

Die Situationen sind mannigfaltig und müssen direkt aus dem Arbeitsalltag der Teilnehmer stammen, denn hieraus entwickelt sich während der Inszenierungen eine erstaunliche „Live-Dynamik": „Wie ist das Ziel für das Gespräch?", „Mit welchen Vorannahmen und inneren Bildern gehst Du in das Gespräch?", lauten die Fragen von mir, bevor die Gesprächssequenz startet.

Die Teilnehmer sitzen im Halbkreis und werden gebeten, alle Wahrnehmungen und subjektiven Bewertungen aufzuschreiben – zur Auswertung für das folgende Feedback.

Einer der Teilnehmer mimt den Gesprächspartner und hat die Aufgabe, seinen Impulsen zu folgen.

Da ist der Chef, der sich auf der Sachebene verstrickt. Doch das eigentliche Thema sind die Prämissen, die der Sachebene zugrunde liegen.

Da ist der Kollege, der Verbindlichkeit „wünscht", da er unter Druck ist, dies jedoch nicht ausdrückt und nicht zu seiner legitimen Erwartung steht.

Da ist der Projektleiter, der um seinen wichtigen Partner buhlt, der appelliert – und den notwendigen Konflikt um eine fragwürdige innere Haltung vermeidet.

Da ist der Chef, der anklagt, ohne seine Situation in einem komplexen Projekt zum Thema zu machen.

Da ist die junge, weibliche Mitarbeiterin, die sich den Mund verbieten lässt, also ihre eigenen Bedürfnisse nicht äußert.

Nun gilt es zu lernen:

- Wie formuliere ich dezidiert meine Erwartungen?
- Wie nehme ich meinen Verantwortungsteil wahr?
- Wie übe ich mich in Selbstwahrnehmung?
- Wie lerne ich, konkrete Wahrnehmungen von meinen Bewertungen zu unterscheiden?
- Wie bekomme ich einen Blick für mich, meine Bedürfnisse und die dahinter liegenden Prämissen?
- Und schlussendlich: Wie entwickle ich Strategien auf der konkreten Verhaltensebene, und wie setze ich diese wirkungsvoll um?

Wir entwickeln all dies aus dem gemeinsamen Feedback und den Auseinandersetzungen im Plenum, bei denen es oftmals um die Unternehmenskultur geht, der Kommunikation in dieser Form eher unbekannt zu sein scheint.

Doch zuvor ist der Blick auf die eigene Verantwortung zu richten. Die Skalierung von 0–10 der Wirksamkeit, die der Gesprächspartner am Ende der Sequenz, gemessen am Ziel, abgibt, hilft, die notwendige Steigerung eigener Wirksamkeit zu fokussieren und zu verantworten. Meist liegt die Lösung nicht auf der Sachebene.

„Ich erwarte, dass Sie meiner Perspektive zuhören und diese verstehen. Gerne setze ich mich dann mit Ihnen über die Punkte auseinander, mit denen Sie nicht einverstanden sein können.

Ich brauche Sie mit Ihrer Kompetenz für diesen Dialog zur Erreichung des bestmöglichen Ergebnisses."…

versus

…. „Ihre Dominanz, mir nicht zuzuhören, ist unerträglich. Ich kann mit Ihnen einfach nicht zusammenarbeiten."

Workshop 3: Führung intensiv 2

Seit den beiden Workshops wurden die ersten Erfahrungen in der Projektarbeit gemacht, die ersten Auseinandersetzungen im Projektteam fanden statt, und es galt, erste Fährnisse in der Organisation zu bewältigen.

Ich arbeite wiederum mit Live-Fällen, diesmal mit dem Akzent auf „Konflikt und Auseinandersetzung". Es ist erstaunlich, welche Wirkung der erste Workshop hinterlassen hat, die Menschen haben sich auf unterschiedliche Weise mit den Themen Verantwortung, Selbstpositionierung und besonders ihrer Wirkung beschäftigt. Sie schildern zu Beginn ihre Erfahrungen in der Organisation, die durchschlagende Wirkung, wenn die eigenen Erwartungen klar und unmissverständlich ausgedrückt wurden. Häufig kam dann als Reaktion des Umfelds die Aussage, dass man sich klar orientiert und weniger brüskiert fühle als erwartet.

3.3 Entwicklung der Unternehmenskultur

Eine Projektgruppe ist schon in einen Konflikt geraten. Eine Konkurrenz zwischen zwei Profitcentern ist aufgebrochen, da ihr Thema doch die Interessen beider Bereiche tangiert. Dabei wurde das kommunikative Defizit offenbar: Die Interessen werden indirekt kommuniziert, und das Projektteam mit einem Image-Thema: „Repräsentativer Store in der Hauptstadt zur Markenpositionierung" ist in einem Wespennest gelandet.

Das ist ein guter Auftakt für den Workshop. Folgende Fragen stehen z. B. im Raum: Wie setze ich mich wirkungsvoll auseinander, wie setze ich „Duftmarken", positioniere mich, streite für mich, ohne feindselig zu werden? Dabei geht es auch um ein Bekenntnis zur positiven Aggression. Pittoreske Fälle stellen eine präsente und experimentelle Atmosphäre her. Alte Tabus zwischen Abteilungsleitern und schwelende Konflikte werden zum Thema.

Da gibt es die Lust und den Mut, die Dinge beim Namen zu nennen. Beispielsweise wird der alte Dauerkonflikt aufgegriffen zwischen der einen Person, die den Qualitätslevel der Marke permanent gegen die pragmatischen Erwägungen des Kontrahenten verteidigt. Verstrickt in diesen Interessenkonflikt übersahen beide das übergeordnete, gemeinsame Interesse an der Organisation und der Traditionsmarke.

Es wird jetzt eine Positionierung in eigener Sache notwendig. „Ich sehe, wofür du stehst!" Um diese selbstbewusste Haltung und um die Fähigkeit, die Perspektive des anderen zu würdigen, geht es jetzt. Es geht ums Verstehen und Erkennen der dahinter stehenden Prämissen und Gefühle. Diese Erkenntnisse werden „heiß" diskutiert:

Sachlich werde ich also erst (und damit leistungsorientiert), wenn ich mich auf der Gefühlsebene verantworte und meine Glaubenssätze und Einstellungen zum eigentlichen Thema machen kann. Ansonsten opfere ich das eigentliche Thema auf dem Altar unbewusster Gefühle und nicht verantworteter Glaubenssätze.

▶ Diese größere Freiheit provoziert eine erweiterte Verantwortung in eigener Sache, am schwersten ist es wohl, auch den Schmerz der unbewussten Handlungen, also „verpassten Gelegenheiten", in Augenschein zu nehmen.

Coaching-Sessions

An diese Workshops schließen sich intensive Coaching-Sessions mit allen Teilnehmern der Organisation an. Die persönliche Entwicklung wird hier zum Thema. Die eigene Komfortschwelle und die subjektiv zu verantwortenden Entwicklungsziele werden zum Ende jeder Coaching-Einheit mit der jeweiligen Führungskraft definiert.

In den Coaching-Sequenzen ist folgendes Phänomen zu beobachten: Die Teilnehmer konnten aufgrund der Erfahrungen innerhalb der Workshops, der intensiven Feedbacks sowie der kognitiven Übersetzungen Erkenntnisse gewinnen und in unterschiedlichem Tempo in der Organisationsrealität Erfahrungen sammeln. Nun allerdings sind sie – auf der Ebene der inneren Haltung – mit ihren Gefühlen und den damit verbundenen, „alten" Gewissheiten konfrontiert.

Will ich es mir zumuten, mich zuzumuten: meine Gefühle und meine Einstellungen äußern, meine Werte thematisieren? Der Preis einer wirkungsvolleren Kommunikation liegt in meiner Fähigkeit, mich „zu führen" und meine Bedürfnisse und Erwartungen und die dahinter liegenden Werte und Gefühle in die Kommunikation einzubringen – und damit Kooperation und Auseinandersetzung erst zu ermöglichen.

Der Beginn, sich mit seiner Wirkung auseinanderzusetzen, ist der Anfang vom Ende einer „unbewussten Haltung"; gleichzeitig der Anfang, mit sich selbst empathischer, verständnisvoller, verantwortlicher umzugehen.

Damit geht nicht selten eine Dekonstruktion meiner selbst einher, meines häufig statischen inneren Selbstbildes. Es beginnt in mir ein transparenter Dialog. Die Kommunikation außen ist ein Spiegel für die innere Kommunikation: Wie transparent, wie ehrlich bin ich mit den vielen Stimmen, Anteilen in mir selbst, höre ich ihnen zu, bin ich bereit sie wahrzunehmen?

Workshop 4: Führung intensiv und live 3

„Ein herausforderndes Projekt kommt auf euch zu". Herausfordernd in zweierlei Hinsicht: Ihr werdet einerseits außerhalb eures gewohnten Aufgabengebietes agieren, anderseits werdet ihr mit klassischen unternehmerischen Notwendigkeiten konfrontiert sein, in ungewöhnlichem Umfeld Ungewohntes tun, all das in einem engen Zeitkorridor.

Ihr werdet in zwei Teams mit einer klaren Führungs- und Verantwortungsstruktur agieren. Ihr seid konkurrierend tätig, gleich einer Profitcenter-Struktur innerhalb eines Unternehmens. Ich agiere als Unternehmer und gleichzeitig Berater, mit dem Ziel, Gesetzmäßigkeiten und Wirkungsweisen von Teamsteuerung zu lehren und die Bedeutung von Organisations- und Unternehmenskultur deutlich zu machen. Zudem soll für jeden Teilnehmer anhand von Feedback eine individuelle „Führungsnavigation", ermittelt und zugänglich gemacht, d. h. konkrete Verhaltenshinweise durch den herausfordernden Alltag gegeben werden.

Gemäß meinen Prämissen von aktueller und effektiver Führung führe ich den ersten Teil des Workshops unternehmerisch. Ich sorge für den Rahmen, damit die eben aufgezeigten Erfahrungen wirkungsvoll erlebt werden können.

3.3 Entwicklung der Unternehmenskultur

Dazu sind zwei Führungskräfte notwendig, die bereit sind, die volle Verantwortung für die Erreichung der gemeinsam vereinbarten Ziele zu übernehmen – und hierfür ein funktionales Team zusammenstellen.

Der erste Schritt vollzieht sich folgendermaßen:
Von vier potenziellen Führungskräften sollen die beiden fähigsten für die beiden Jobs ermittelt werden, und zwar mithilfe einer leistungsdifferenzierten Auseinandersetzung.

Viel Vorsicht und Vermeidung sind nun bei diesem Auftrag im Spiel. „Sich gegenseitig keine Schmerzen zufügen, sich nur nicht zu nahe kommen", es scheint tabu zu sein, über die eigenen Stärken und Schwächen zu sprechen, sich zu positionieren mit den eigenen Tugenden und Erfahrungen. Vermeidende Lösungen werden diskutiert, und eher pädagogische Argumentationen gewinnen die Oberhand: Derjenige sollte führen, der am meisten lernen könne.

Die Unternehmenskultur offenbart sich in solchen Szenen. Die Frage stellt sich: Wie üblich und erlaubt ist es, klar und deutlich von sich und seinen Vorzügen, Interessen und Bedürfnissen zu sprechen?

Die Gruppe „läuft sich warm", gewinnt spielerisch an Fahrt, und dann entsteht ein sanfter Auseinandersetzungsprozess mit dem Ziel, sich für zwei sehr unterschiedliche Menschen zu entscheiden.

Jetzt geht es darum, dass Teams entstehen. Die Teilnehmer bewerben sich bei den Führungskräften, und es entsteht eine auseinandersetzungsfreudige Atmosphäre:
Wer will wie geführt werden und was stellen sich die Führungskräfte vor? Im Ergebnis entstehen zwei unterschiedlich große Teams, heterogen in Alters- und Erfahrungsstruktur. Diese werden geführt von einem jungen, noch relativ unerfahrenen Mann und einer schon erfahreneren, weiblichen Führungskraft.

Nun finden, von den Teamchefs geführt, konkrete Zielvereinbarungen auf der Verhaltensebene statt. Jeweils ein Bestands- und ein Entwicklungsziel werden für jeden Mitarbeiter einschließlich des Chefs definiert.

Beide Seiten haben die Gelegenheit, sich zu positionieren:

- Was steuere ich im vor uns liegenden Arbeitsprozess bei: Konfliktstärke, Kommunikationstalent, Führungs-Kraft?
- Wo benötige ich Unterstützung, brauche klare Rückmeldung, um mich zu entwickeln?

Jetzt folgt der Arbeitsauftrag: Die Führungskräfte sitzen mit mir getrennt von den weiteren Mitarbeitern gleich der analogen Situation im Unternehmen:
Das Projekt hat den Titel „Seitenwechsel".

- Akquiriert eine Institution aus dem sozialen Bereich – Profit oder Non-Profit.
- Führt dort eine Analyse der Führungs- und Konfliktkultur auf drei Hierarchieebenen durch.
  Diese Analyse soll in drei Empfehlungen münden, die ihr für die Organisationen formuliert, aus denen ihr kommt, und weitere drei für die sozialen Einrichtungen aus eurer Perspektive. Diese Empfehlungen setzen einen Vergleich beider Kulturen voraus.
- Akquiriert in dieser oder einer weiteren sozialen Einrichtung für jeden von euch eine Stunde soziale Arbeit mit Menschen, und formuliert über eure Erfahrungen einen klassischen, handschriftlichen Aufsatz mit dem Thema: „Meine Stunde soziale Arbeit – was ich wahrnahm, wie ich darauf reagierte und was ich dabei empfand".
- Für dieses Projekt habt ihr von jetzt an, 14.30 Uhr, bis morgen um 10.00 Uhr Zeit.
- Eine halbe Stunde Verlängerung ist möglich, setzt allerdings eine SMS bis spätestens 7.00 Uhr morgens voraus.
- Wir starten dann mit euren Präsentationen, die all die formulierten Bestandteile des Projekts zum Thema haben.
- Anschließend werdet ihr in den Teams eine Bewertung der Ergebnisse vornehmen, einerseits in eigener Sache und andererseits auf das andere Team bezogen.
- Ihr werdet euch dann um den ersten und zweiten Platz auseinandersetzen, immer mit einem Stellvertreter des Teams im Plenum.
- Unternehmerisches Ziel ist es, zu einer die Leistung differenzierenden Bewertung zu kommen.
- Dies setzt die Konkretheit der Bewertung voraus, um für zukünftige Projekte lernen zu können.

Nun folgt eine lebhafte Auseinandersetzung.

Bei der Analyse geht es um die eigenen Führungsinteresse geschuldeten Fragen:

- Wie ist die Führungskultur?
- Was beinhalten Leitbild und tägliche Praxis bei Konflikten?
- Wie finden Partizipation und Beteiligung statt?
- Wie ist die „Innere Haltung" des Unternehmens, wie die Spiegelung und Verifizierung der Aussagen auf den anderen Führungsebenen?
- Was sind brennende Fragen aus meiner Praxis, und wie handelt der Kollege aus einer gänzlich anderen Perspektive?

Erhellung entsteht durch einen Perspektivenwechsel.

3.3 Entwicklung der Unternehmenskultur

Auseinandersetzung und Change lassen eine sehr relevante Lernsituation erstehen:

- Wie gelingt es, einen scharfen kulturellen Blick zu entwickeln und Zwischentöne aufzunehmen?
- Wie muss ich hier führen, um sozial anerkannt zu sein?

Die Wahrnehmung der kulturellen Wirkungsweisen ist die Grundlage kompetenter Selbst- und Teamsteuerung.

- Wie gelingt es, Beziehungsmanagement zu gestalten?

Kontakt herstellen, Verantwortung übernehmen und mich dabei selbst verantworten sind zentrale Teile wirkungsvoller Führung.

- Wie gelingt es, herausgefordert zu sein, die eigenen Grenzen wahrzunehmen, die eigenen Möglichkeiten und Ressourcen zu entdecken und zu erforschen?

Sinnstiftung des Projekts an und für sich und Sinnstiftung für den Prozess, es zu realisieren.

Nun geht es los – die Führungskräfte erhalten meine Mobilfunknummer für etwaige Rückkopplungen und sind nun mit ihren Teams auf sich gestellt. Vorher werden noch die gemeinsamen Regeln vereinbart: Loyalität zum Auftraggeber im Sinne klarer und konfliktorientierter Kommunikation.

Mit viel Engagement, Disziplin und Ehrgeiz haben die Teams die Aufgaben bewältigt und präsentieren nun die Ergebnisse ihrer Analysen. Dabei vergleichen sie Werte der Führung und sind erstaunt, Menschen kennengelernt zu haben, die für wenig Geld viel leisten – und dazu auch noch streng zertifiziert und „controlled" werden.

Der Seitenwechsel provoziert den kritischen Blick auf das Eigene (Unternehmenskultur, eigene innere Haltung und Verhaltensweisen). Die Workshopteilnehmer waren fasziniert von der flexiblen Kundenorientierung, die sie erleben durften. Man hat sich Zeit genommen für die Interviews, die Menschen in den sozialen Einrichtungen haben sich über das ehrliche Interesse an ihrer Arbeit von Menschen aus einer ganz anderen Branche gefreut.

Und es zeigt sich wieder einmal: Motivation ist eine Frage des Sinns und der intrinsischen Motivation und erst sekundär des Geldes. Für Sinnstiftung und Beteiligung sorgen – ersichtlich ist dies am Eifer der Teams.

Der Höhepunkt sind allerdings die Aufsätze:

Zum Teil sind berührende Dokumente entstanden: Die Teilnehmer erzählen von ihren Gefühlen beim Kontakt mit alten, pflegebedürftigen Menschen, die ihren Dank ausdrücken für eine Stunde ehrlichen Interesses. Die Schilderungen eigener Ängste und Befürchtungen geraten persönlich und bleiben dadurch in Erinnerung.

„Fast wäre ich meinen Vorurteilen erlegen, durch die unmissverständliche Führung meines Teamchefs habe ich die Schwelle in das Pflegeheim widerwillig überschritten und bin jetzt dankbar für die erhellenden und berührenden Erfahrungen", erzählt ein Teilnehmer.

Jetzt folgen **drei Phasen** in diesem intensiven Workshop:

- die Leistungsbewertung,
- die Reflexion des Teamprozesses und
- die Vollendung der persönlichen Führungsnavigation.

Die Teams identifizieren sich mit ihrem Tun. Dies führt zu heißen Debatten und emotional geprägten Bewertungen bezüglich der eigenen Ergebnisse und der Leistung des anderen Teams. Diese Bewertungen münden in eine sich rasch verschärfende Auseinandersetzung um den ersten und zweiten Platz. Der rhetorisch geschickte Chef dominiert die eher zurückhaltend agierende Chefin, wertet mehr oder weniger indirekt die Ergebnisse der anderen Gruppe ab und setzt sich und sein Team an die erste Stelle. In der bezwungen scheinenden Gruppe löst dies die übliche Feindseligkeit aus. Von Leistungsdifferenzierung, konkreter Beschreibung der Erfolgs- und Misserfolgspunkte, einer sachlich und emotional geführten, diskursiven Debatte zur Ermittlung des „Rankings" kann keine Rede sein. Stattdessen treten die üblichen „Vernichtungsstrategien" hervor, schließlich möchte jeder selbst als vermeintlicher Sieger dastehen.

So sind nun mal unsere reflexhaften Konfliktmuster, entweder vermeiden wir es zu agieren, oder wir agieren – offen oder verdeckt – in destruktiver Mission dem anderen gegenüber.

Hier schließe ich als Unternehmer und Berater den „Führungszyklus", um auf der Meta-Ebene mit der Reflexion des Prozesses beginnen zu können. Fand doch eben ein „Kannibalisierungsprozess" statt, der nicht der Leistung, nicht der Synergiemöglichkeit, nicht der Würde des emotionalen Prozesses der geleisteten Arbeit entspricht.

Reflexion des Prozesses

Hier setzen wir an – gäbe es Möglichkeiten für ein konstruktiveres Konfliktmanagement?

Ich demonstriere es mit meiner Bewertung der geleisteten Arbeit.

3.3 Entwicklung der Unternehmenskultur

Ich würdige die Arbeit beider Gruppen grundsätzlich und komme zu folgender Differenzierung:

Die Absolvierung der sozialen Stunde ist der einen Gruppe wesentlich intensiver und dem Auftrag entsprechender gelungen. Dies zeigt sich an den intensiven Aufsätzen, die, auf sehr persönliche Art und Weise, das Befinden der einzelnen Menschen zum Thema machten – dies vor dem Hintergrund berührender Erlebnisse.

Der anderen Gruppe ist es nicht gelungen, die eigenen Befürchtungen so zu thematisieren, dass ein Überspringen der Komfort- und Befürchtungsgrenze möglich geworden wäre. Darauf werde ich später in den Teamentwicklungen zurückkommen.

Die Konflikt- und Führungsanalyse gerät in beiden Gruppen dicht. Es gelingt, Kernthemen wie Führung und Konflikt, Führung und Wertschätzung so zu hinterfragen, dass der Umgang mit Diskrepanzen in den Organisationen deutlich wird und mit den eigenen Organisationen gespiegelt werden kann. Der einen Gruppe gelingt es, äußerst direkt und persönlich, auch mit persönlichen Erfahrungen, die Gesprächsergebnisse zu unterstreichen. Dies manifestiert sich auch in der Präsenz des Geschäftsführers. Da diese genannten Punkte bei der Gruppe kumulieren, die die soziale Stunde nutzen konnte, um die eigene Selbstwahrnehmung in den Augenschein zu nehmen, ist für mich als Auftraggeber klar, wer auf dem ersten Platz steht.

Aus der Perspektive der intellektuellen Stringenz sehe ich die andere Gruppe weiter vorne. Dies zeigt sich an konkreten Punkten während der Präsentation und des Interview-Leitfadens zur Kulturanalyse.

Beide Gruppen haben hervorragende Arbeit geleistet und können sich für die nächste Projektarbeit aufgrund der genannten Aspekte verbessern bzw. gegenseitig befruchten.

Im nächsten Schritt werden wir innerhalb der Teamentwicklungen untersuchen, wie sich die Menschen gegenseitig geholfen haben, um zu maximalen Leistungen, maximaler Kreativität zu kommen – oder eben eher nicht.

▶ Konfliktmanagement setzt die Haltung der Verantwortungskultur voraus, um zur „rauen und herzlichen Auseinandersetzungskultur zu kommen", d. h. für mich und von mir zu sprechen, nicht gegen den anderen." Dies ist der Schlüssel zur Leistungsdifferenzierung auf der Sachebene.

Nebenbei trainiert diese Gruppe ein erweitertes kulturelles Verständnis für die gesamte Organisation – „evolutionäres Networking" – sitzen hier doch die Führungskräfte der Zukunft und partiell der Gegenwart.

Nun setzen sich die Teams auf der Führungs- und Teamebene auseinander in Form von **Teamentwicklungen**. Der gesamte Führungs- und

Zusammenarbeits-Zyklus soll reflektiert werden, mit meiner Begleitung als Berater.

Zu Beginn sitzen das Team und seine Führungskraft mit mir im Kreis, Stift und Block gezückt, und werden von mir gebeten, zu individuellen Bewertungen der Leistungsfähigkeit anhand mehrerer Skalierungen zu kommen (0–10):

- Wie hoch schätzt ihr die gesamte Leistungsfähigkeit eures Teams ein, gemessen an den möglichen Synergiepotenzialen und dem jetzigen Ergebnis?
- Wie hoch schätzt du deine individuelle Leistungsfähigkeit ein, gemessen an deinem Potenzial und dem von dir gezeigten Ergebnis?
- Für die Teammitglieder:
Wie wurdest du geführt (klar orientiert, herausgefordert usw.)?
- Für die Führungskraft:
Wie wurdest du unterstützt (herausgefordert, verbindliche Umsetzung von Arbeitspaketen usw.)?

In hoher Konzentration notieren sich Menschen ihre subjektiven Erkenntnisse, nehmen dadurch ihre Verantwortung wahr und begeben sich nun in einen disziplinierten Feedback-Prozess, den der Chef beginnt. Er gibt jedem Mitarbeiter direkt Feedback (Wahrnehmung/Innere Reaktion/Erwartung). Dann folgen die Mitarbeiter mit der Führungskraft, und im dritten Akt kommen die Mitarbeiter untereinander.

Dieser Prozess erzeugt größtmögliche Transparenz nicht nur der Störungen, Bewertungen und gegenseitigen Bedürfnisse. Er generiert auch die Erfolgs- und Misserfolgsfaktoren der Zusammenarbeit und die damit zusammenhängenden Themen und Prämissen, die für eine erfolgreichere zukünftige Zusammenarbeit zu bearbeiten sind.

Die Feedback-Prozesse gestalten sich erkenntnisreich; so ist sich das Team mit weiblicher Führung aufgrund der Skalierungen ziemlich einig, maximal zwischen 5 und 7 seiner Leistungsfähigkeit erreicht zu haben.

Woran lag es? Der konkrete und anspruchsvolle Feedback-Prozess bringt es zutage. Mit großem Enthusiasmus und viel Entschlossenheit initiierte die weibliche Führerin das Projekt, riss mit, überzeugte. Gleichwohl zweifelten einige Teammitglieder an der Sinnhaftigkeit des Projekts, Zweifel, die unausgesprochen und ungeklärt blieben. Dies zeigte sich während des Arbeitsprozesses mit der Wirkung, dass einige andere Teammitglieder deren Passivität kompensieren mussten.

Reflektierend wird deutlich, dass es die Leistungsfähigkeit des Teams beeinträchtigte, nicht den Momenten des Ärgers gefolgt zu sein. Also beispielsweise deutlich die eigenen Zweifel zum Thema zu machen oder in Situationen, in denen

3.3 Entwicklung der Unternehmenskultur

ich etwas erwarte, dies auch dezidiert zu äußern. Diese Defizite zogen sich durch den ansonsten sehr konstruktiven Arbeitsverlauf und führten zu einem Prozess der „Überverantwortung der Chefin – ein Klassiker", aufgrund dessen die Talente der Chefin, nämlich Initiative, emotionale Kompetenz und Mut, voll zur Geltung kamen. Allerdings blieben die analytisch-investigativen Talente der Mitarbeiter, die sich latent zweifelnd mit ihren kontroversen, eher an der Sache orientierten Argumenten immer wieder zurückzogen, auf der Strecke.

Dies erklärt die Defizite in der Analyse, die Gespräche hätten herausfordernder die immanenten Widersprüche aufgreifen können. Die so berührenden Aufsätze und Erfahrungen der sozialen Stunde wären in einer klaren Struktur und Analyse noch wirkungsvoller und kognitiv schlüssiger zur Geltung gekommen.

Das Team lernt: Die Projektklärung und das dazugehörende Zweifel- und Konfliktmanagement sind für die kollektive Sinnstiftung von evidenter Bedeutung und steuern die Kompetenz, sich im weiteren Verlauf auch missliebige Gefühle mitzuteilen, um die gegenseitigen Erwartungen zeitnah zu klären.

So entsteht Synergie.

Die weibliche Führungskraft wäre froh über mehr Unterstützung gewesen und hatte dies auch implizit erwartet. Die Kollegen hingegen fühlten sich nicht maximal gefordert und machten dies – natürlich unausgesprochen – der Chefin zum Vorwurf. So entsteht Stereotypenbildung, so beginnen unsere Interpretationen.

Das Team lernte nun eine erfolgreiche „Exit-Strategie":

„Wir verantworten uns, sagen, was wir schätzen, und konkret, was uns stört. Der Gewinn davon heißt: Lebendigkeit, Lust an Austausch und intellektuellem und pragmatischem Mehrwert: Erst durch deinen Widerspruch werde ich mit mir, meinen Talenten, Erfahrungen und Ressourcen lebendig, ergänze mich in meiner Unvollkommenheit.

... und es bricht mein Mythos, meine geheime Prämisse, alles alleine machen zu müssen.

Der Schlüssel? Mich auf mich besinnen, über mich nachdenken, zu meinen Erfahrungen, Bewertungen und Gefühlen stehen – und diese aussprechen."

Ein ganz ähnlich intensiver Prozess lässt sich auch bei dem anderen Team verfolgen:

Es keimt der Verdacht, dass wahrhaftige Wertschätzung etwas mit der Hingabe an mich selbst zu tun hat – und dies die Voraussetzung ist für die Hingabe anderen gegenüber.

Mit einer dichten Abschlussrunde beende ich diesen Workshop. Ich will zeigen, welche Situationen welche Gefühle und Prämissen auslösen und welche Verhaltensstrategien erzeugen. Und welchen Preis zahle ich für die Hinzunahme einer alternativen Strategie, welchen Nutzen trüge ich davon, der der Komplettierung der eigenen inneren Führungsnavigation dient?

In der gesamten Zeit des Programms findet viel Austausch der Teilnehmer mit den Führungskräften über die Workshops und natürlich über die Projektthemen statt. Mit Spannung beobachten die Chefs des Unternehmens die Veränderungen auf der alltäglichen Verhaltensebene.

Alles strebt nun schon auf den großen Höhepunkt zu, die Abschlussveranstaltung, für die die Besitzerfamilie und die gesamte „Führungselite" ihr Kommen zugesagt haben Die Teilnehmer haben dort nicht nur die Aufgabe, die Projekt- und die Lernergebnisse bezüglich Führung und ihrer Person in kreativer Form aufzuzeigen. Sie haben die spezielle Zusatzaufgabe, Entwicklungsempfehlungen an die Organisation zu formulieren und damit dem eigentlichen Organisationsauftrag zu entsprechen.

Bis dahin stehen noch zwei Module an, das Modul Konfliktmanagement und der Abschlussworkshop. Aus diesen Modulen werde ich Episoden schildern.

Immer wieder lamentieren und klagen die Teilnehmer während des Programms über die ambivalenten Verhaltensweisen der Führungskräfte in der Organisation. Diese stünden nur zweifelnd hinter dem Programm, beklagten ihre Abwesenheit und bedauerten es, nicht in die Projekte involviert zu sein, nähme das doch zu viel Zeit vom normalen operativen Tagesgeschäft in Anspruch.

Diese zweifellos berechtigten Bewertungen der Teilnehmer ob der häufig paradoxen Wirkung von Veränderung veranlassen mich, die Grundsatzfrage von Führung und Veränderung zu stellen:

Wie ist meine eigene innere Haltung im Spiegel des so erlebten und bewerteten Verhaltens?

Wen mache ich für Stagnations-Phänomene verantwortlich?

Komme ich durch Außenbeschreibungen dieser Art nicht schlussendlich mir selbst auf die Spur?

Ist es nicht meine vornehmste Aufgabe als Veränderungen initiierende Führungskraft, mit Kreativität, Mut, gesunder Wut und Lebendigkeit die bestehenden Verhältnisse zu schätzen und gleichzeitig infrage zu stellen?

Konfliktworkshop

Dementsprechend wird der Konfliktworkshop zur Herausforderung:

Die Teilnehmer arbeiten nochmals in zwei Gruppen mit dem Auftrag, Führungskräfte auf drei Ebenen in der eigenen Organisation zur Konfliktkultur zu befragen:

Welche Funktion haben Konflikte grundsätzlich im Hinblick auf Leistungsfähigkeit?

Wie ist der Status quo der augenblicklich vorherrschenden Konfliktkultur in der Organisation?

3.3 Entwicklung der Unternehmenskultur

Welche Entwicklungsschritte sind erforderlich, um Entwicklung und Wachstum zu gewährleisten?

Der Auftrag umfasst die Zeitspanne von zwei Stunden. Mindestens sechs Gespräche auf verschiedenen Hierarchieebenen (möglichst auch die ersten zwei Ebenen) sind zu führen und es ist eine Präsentation zu erstellen.

Die Arbeitsergebnisse spiegeln die Befindlichkeit und Geisteshaltung, also Ambivalenz der Teilnehmer wider: Im Großen und Ganzen bejahen und befürworten alle Führungskräfte den Bedarf einer die Konflikte bejahenden und der Transparenz folgenden Kultur. Sie beklagen allerdings ebenso vehement die Defizite, ohne diese selbstredend bei sich selbst zu lokalisieren.

Ein klassisches Phänomen, dem weder mit grenzloser Adaption an die bestehende Kultur noch mit Anklage, Attacke, Trotz oder Aggression beizukommen ist.

Dazu bräuchte es einen ruhigen, auch ärgerlichen Blick auf die eigenen Möglichkeiten, Verantwortung zu übernehmen, sich zu positionieren und mutig den alten Gewohnheiten zu widersprechen. Gleichzeitig Sinn Machendes zu bestätigen. Warum eigentlich nicht Haltungen thematisieren wie: selbst zum Motor der Veränderung werden, der eigenen Ambivalenz folgen – wieso eigentlich ich zuerst?

Führung zeigen, das heißt in diesem Workshop, der eigenen Ambivalenz zu folgen: Welche inneren Teile widersprechen sich, welcher „Spieler" will sich bewegen, welcher Anteil hält mich auf?

Meist weist der „hinderliche" Part auf etwas hin, das nicht wahrgenommen und gewürdigt wird – und wenn es die Würdigung meiner zahlreichen Bemühungen oder meiner Ängste und/oder Befürchtungen ist.

Ohne dieses innere Management ist äußeres Veränderungsmanagement müßig, erwarte ich doch von den anderen Menschen etwas, dem ich selbst ausweiche. So bleibt auch meine Wirkung der Aufrechterhaltung des Status quo verpflichtet – in bester Absicht.

▶ **Funktion von Konflikten**

Meist nehmen wir bei Konflikten nur die negativen Begleiterscheinungen wahr.

Wir sehen dann:

Störungen der Zusammenarbeit,

Stress und Unzufriedenheit,

schlechtere Arbeitsergebnisse,

Instabilität und Verwirrung,

Vergeudung von Zeit und Ressourcen,

Angst vor persönlicher Kränkung etc.

Konflikte erfüllen aber auch wesentliche Funktionen in der Zusammenarbeit von Menschen.

Oft sind Teams erst durch ihre Fähigkeit, mit Konflikten umzugehen, erfolgreich geworden.

Insbesondere können Konflikte folgende Funktionen haben:

Freisetzung von Energie,

Erhöhung der Kreativität,

Rollenklärung im Team,

Schaffung einer persönlicheren Arbeitsatmosphäre,

Erhöhung des Gruppenzusammenhalts,

Spannungsabbau,

Erhöhung der Innovationsbereitschaft,

festgefahrene Strukturen aufbrechen.

Abschlussworkshop

Im Abschlussworkshop installiere ich zwei Teilnehmer, die eine Potenzialbewertung der Gruppe vornehmen sollen: Sie haben einen Dreivierteltag Zeit, jeden Teilnehmer skalierend zu bewerten:

0–4: zurzeit als Führungskraft nicht geeignet
5–7: zurzeit als Führungskraft bedingt geeignet
8–10: zurzeit als Führungskraft voll geeignet

Der Bewertungshintergrund für die beiden ist eine herausfordernde Projektsituation im Ausland. Das Projekt ist am Kippen, es gibt formale und praktische Defizite und die Teamsituation ist konfliktgeladen. Es hängt finanziell und für das Image der Firma viel vom Gelingen des Projekts ab – wen schicke ich besten Gewissens?

Erforderlich ist neben der Skalierung ein ausgedehntes, differenziertes Stärken-Schwächen-Profil mit exakten Beobachtungen.

Eine Führungsaufgabe, die zur weiteren Differenzierung in der Gruppe führt und die Grundlage für ein in die Zukunft gerichtetes Entwicklungscoaching bietet:

Welches sind meine Entwicklungsthemen, meine Verhinderungsstrategien und meine anvisierten Entwicklungspunkte in der Zukunft?

Mit diesem Intensiv-Feedback schließe ich den Abschlussworkshop – und bin gespannt auf die Abschlussveranstaltung.

3.3 Entwicklung der Unternehmenskultur

Abschlussveranstaltung

Aufregung, Nervosität, Präsenz – so zeigt sich die Stimmung der Teilnehmer vor der Veranstaltung. Die Generalprobe endet „desaströs": „Ihr müsst nacharbeiten, ihr seid der Schlüssel, sprecht von euch – verbindet die kognitiv brillant erarbeiteten Lerninhalte mit euren persönlichen Erfahrungen", so mein Vorbereitungs-Feedback. Das geschieht dann auch – bis in den späten Abend hinein.

Den Teilnehmern gelingt das Schwierigste:
Die Organisation mit ihren Entwicklungsthemen zu konfrontieren, ohne diese zu kompromittieren.

Da werden unbequeme Themen angesprochen: die Grabenkämpfe zwischen den Profitcentern, die vermeidende Kultur, das fehlende Klären von Konflikten, der verzagte Umgang mit den Herausforderungen der Zukunft. All dies ist eingebettet in die Benennung der Tugenden: Qualitätsbewusstsein, Tradition, Konstanz der Marke und der Familienstrategie. Die besondere Glaubwürdigkeit entsteht allerdings durch die sehr persönlichen Schilderungen der Teilnehmer, wie ihr inneres Konfliktmanagement den außen wahrgenommenen Phänomenen entspricht und wie ihre persönlichen Erwartungen an sie selbst lauten.

In Form einer Analogie, eines Märchens, gelingt es, nachhaltige Auseinandersetzung zu initiieren – neben gelungener Präsentation der Lern- und Projektergebnisse.

Dass es einen finanziellen Mehrwert aus den Projekten gibt, tut der erfolgreichen Resonanz und Entwicklung des Programms keinen Abbruch – im Gegenteil.

Zusammenfassung

Die Organisationskultur eines traditionellen Unternehmens soll durch ein Entwicklungsprogramm beeinflusst werden. Ein Berater wird hinzugezogen, um den Prozess zu planen und durchzuführen. Auch hier greift das Instrument des Workshops. Aufgrund der Projekte, die in den Workshops erarbeitet, durchgeführt und vorgestellt werden, zeigen sich Problemstellungen und Lösungsmöglichkeiten auf der Ebene der Selbstführung und Verantwortung. Im Laufe des Prozesses entwickeln sich die Führungspersonen in ihrer Rolle weiter und nehmen sich selbst und die anderen zunehmend bewusster wahr.

An diesem Beispiel wird auch deutlich, dass Veränderung nicht von heute auf morgen geschieht. Sie ist ein langwieriger und tiefgreifender Prozess. Es gilt der Zeit zu vertrauen und den Prozess kontinuierlich weiterzuführen.

Elemente und Ablauf eines Entwicklungsprogramms (Abb. 3.7).

Schematische Darstellung des Ablaufs

Vision: Die vernetzte und lernende Organisation

↑

Grundelemente unserer Beratungsarchitektur

Mentorenbegleitung	**Entwicklungs-workshops**	**Projektarbeit**
• Kaminabende	• Konflikt	zur Sensibilisierung
• Begegnungen mit Geschäftsführung und Management	• Führung	des Entwicklungs-programms und
	• Coaching	Vernetzung des
• Coaching	• Mitarbeiterführung	Gelernten in die Organisation

↑

Design eines individuellen Entwicklungsprogramms

Themen
- Change
- Konflikt
- Selbstverantwortung

↑

Zielgruppen
- Nachwuchsführungs-kräfte
- Top- und Middle-management

Differenzierte Entwicklungsphase:
Was braucht das Unternehmen?
Was erwartet das Unternehmen?
Gespräche mit Entscheidern, Personal-
verantwortlichen, Führungskräften
und Mitarbeitern

Abb. 3.7 Ablauf des Entwicklungsprogramms

Literatur

Buber M (2002) Das dialogische Prinzip: Ich und Du, 9. Aufl. Gütersloher Verlagshaus, Gütersloh
Frisch M (2011) Mein Name sei Gantenbein, 1. Aufl. Suhrkamp, Berlin
Grass G (1998) Aus dem Tagebuch einer Schnecke. dtv, München
Kästner E (2009) Doktor Erich Kästners Lyrische Hausapotheke, Neuausgabe, 1. Aufl. Atrium, Zürich
Miller A (1983) Das Drama des begabten Kindes und die Suche nach dem wahren Selbst, 27. Aufl. Suhrkamp, Berlin
Nietzsche F (2012) Also sprach Zarathustra. Anaconda, Köln
Pestalozzi JH (2001) Ausgewählte Schriften, Studienausgabe. Beltz, Weinheim
Senge PM (2009) Die fünfte Disziplin. Kunst und Praxis der lernenden Organisation, 11. Aufl. Klett-Cotta, Stuttgart

Theorie 4

4.1 Von der Gehorsams- zur Verantwortungskultur

▶ **Prolog** „Aber es gibt natürlich verschiedene Formen der Freiheit, und die kostbarste wird in der großen, weiten Welt des Siegens, Leistens und Blendens selten erwähnt. Die wirklich wichtige Freiheit erfordert Aufmerksamkeit und Offenheit und Disziplin und Mühe und die Empathie, andere Menschen wirklich ernst zu nehmen und Opfer für sie zu bringen, wieder und wieder, auf unendlich verschiedene Weisen, völlig unsexy, Tag für Tag. Das ist wahre Freiheit. Das heißt es, Denken zu lernen.(…) Es ist unvorstellbar schwer – tagein, tagaus bewusst und erwachsen zu leben." (Wallace 2012)

In diesem Kapitel wird aufgezeigt, was Führung heute bedeutet. Die gesellschaftlichen Verhältnisse haben sich in den letzten 40 Jahren demokratisiert, d. h., Gehorsam ist durch Entwicklung ersetzt worden. Erst dieser demokratische Rechtsraum ließ Sicherheit entstehen für wachsende Selbstverantwortung des Einzelnen. Welche Bedeutung hat diese Entwicklung für heutige Unternehmen, und wie kann Partizipation des Arbeitnehmers gefördert werden?

Führen, Handeln, Verantworten – Führen im 3. Jahrtausend

Angst. Sehr häufig begegnet mir bei meiner Arbeit Angst. Angst vor Konsequenzen. Angst vor Rache. Angst vor Sanktionen, vor einer Degradierung, vor dem Stillstand der Karriere oder der eigenen Entwicklung im Unternehmen.

Oft gibt es gar keine direkte persönliche Erfahrung, die als Hintergrund dient für die Prämisse, sich zurückzunehmen sei der eigenen Entwicklung dienlicher als sich „seiner selbst bewusst" zu äußern und den eigenen Standpunkt zu klären. Angst ist auch ein Motiv, etwas innerhalb des neuen Jobs nicht auszuprobieren, gar das Bild der Bequemlichkeit hinzunehmen. Sind nicht alle klassischen Macht- und Kontrollmechanismen Misstrauensprämissen gegenüber den Kollegen – sind diese nicht dem Grundmotiv Angst geschuldet?

Oder Angst, nicht anerkannt zu sein, den sicheren Platz zu verlieren, aus dem sozialen Verbund zu fallen, Außenseiter zu werden – letztendlich bar von Liebe und Wohlwollen darben zu müssen? Dies geschieht immer wieder in unserem Kulturkreis. Wir leben in demokratischen Zeiten, die sich doch weg von Herrschaftsgebaren, Unterwerfungsritualen, Demütigungen und Gewaltanwendung bewegen. Sie wollen sich an der Integrität des Menschen, der Achtung des Einzelnen, seiner Selbstverantwortung und seiner Beteiligung orientieren.

Eine hypothetische Erörterung: Als ich 1969 eingeschult wurde, war das Thema meiner Linkshändigkeit rasch aktuell. Die schon ältere Klassenlehrerin beharrte auf dem Gebrauch der „guten" rechten Hand, wider den Impulsen und Bedürfnissen des Kindes. Die Maßnahme, meine linke Hand zu fixieren, scheiterte am Widerspruch meiner Mutter. Aufgrund einer Sendung im Rundfunk, die die schädlichen und kontraindizierten Wirkungen einer Umgewöhnung zum Thema machte, setzte sich meine Mutter mit der Pädagogin auseinander. Ich durfte weiterhin die linke Hand benutzen.

1969 ist das Jahr eins nach den beginnenden Studentenunruhen in Europa und einer dadurch initiierten Reformwelle in den Institutionen der deutschen Republik. Langsam wurden Justiz, Psychiatrie, Pädagogik konfrontiert mit Traditionen, die noch wilhelminisch und nationalsozialistisch geprägt waren. Ministerpräsidenten, die als Richter nach Kriegsende noch Todesurteile verhängt hatten, und Mediziner, die an den Euthanasie-Gräueltaten des NS-Regimes an körperlich und geistig behinderten Menschen beteiligt gewesen waren, mussten ihre Ämter niederlegen. Strukturelle Gewalt in Heimen wurde erstmals in der Nachkriegszeit journalistisch thematisiert. Missbrauch von „Schutzbefohlenen" innerhalb der Kirchen und pädagogischen Institutionen sind nach Jahren der Tabuisierung endlich ein gesellschaftliches und juristisches Thema geworden. Auch hier sind wir mit den Konsequenzen einer autoritären und strukturell unterdrückenden Gesellschaftsgeschichte konfrontiert.

Aufgrund einer Erkrankung meiner Mutter verbrachte ich kurz vor meiner Einschulung während der Sommerferien mehrere Wochen in einem Kinderheim. Zu unserem Spiel gehörte das Chauffieren eines Wagens, hierzu nutzten wir einen

4.1 Von der Gehorsams- zur Verantwortungskultur

Strauch mit Hohlraum. Die langästigen Zweige dienten als Wagentüre, die wir natürlich „öffneten". Die Gefahr eines Astbruchs schien beträchtlich, worauf uns der Heimleiter hinwies und ein Verbot aussprach. Trotzdem setzten wir das Spiel fort und prompt brachen mehrere Zweige ab. Als Strafe wurde ich von besagtem Heimleiter über den Rand der Badewanne gelegt und mit eben den Weidenruten „gezüchtigt". Immerhin war mein „Allerwertester" so grün und blau, dass meine Eltern einen Kinderpsychiater konsultierten – von einer Anzeige sahen sie ab.

Die dritte Episode spielte im Jahre 1979. Der damalige Klassenlehrer gefiel sich darin, die 16-jährigen Jugendlichen als „Eckensteher" zu bezeichnen. Dies tat er schreiend. Grund dieses Ausbruchs war das Treffen von uns Jugendlichen an einem Nahverkehrsknotenpunkt vor Schulbeginn. Der Pädagoge pflegte dies zu beobachten und „Listen" anzulegen.

Drei Episoden aus meiner eigenen Entwicklung bilden den Auftakt, um sich mit einer gesellschaftlichen Entwicklung auseinanderzusetzen – einer Entwicklung vom Gehorsam zur Verantwortung. Vom „Parieren", „Gehorchen" zum „Verstehen" – von der **„Demütigung zur Ermutigung"**.

Hinter dem formulierten Modell einer der Verantwortungskultur verpflichteten Denkweise, einer Ebenbürtigkeit in differenter Verantwortung, verbirgt sich der einzelne Mensch in seiner Unversehrtheit, Integrität und Würde. Siehe auch die Grundaxiome des spirituell-vernetzten Individuums im ersten Teil des Buches.

Beeinträchtigung und Verletzung (gar Vernichtung) der Integrität des Menschen sind ein schmerzlicher Teil des individuellen Menschseins und unserer kollektiven Vergangenheit – und Gegenwart.

Welches sind nun unsere individuellen und kollektiven Erfahrungen, die unsere Verhaltensweisen, unsere Verhaltensmuster prägen und maßgeblich von unseren Gefühlen beeinflusst werden? Damit haben diese Verhaltensweisen immense Bedeutung für Führungskräfte und Unternehmer. Denn heute wissen sie, dass eine der Integrität und Entwicklung dienende Führungspraxis Leistung, Freude und Beteiligung hervorruft. Führungspersonen fragen sich allerdings auch, aus welchen Gründen die Steuerung von Veränderungsprozessen gerade an diesem kulturellen Punkt so anspruchsvoll, herausfordernd, ja geradezu mühselig scheint?

Es gehört sicherlich zu den evolutionären Menschheitserinnerungen, dass es klüger ist, seine Bedürfnisse – um des Überlebens willen – zurückzustellen und seine dementsprechenden Gedanken nicht auszusprechen. Anpassung an kollektive Prämissen und Einstellungen sind die Basis unseres Kooperationsverhaltens. Wo Widerspruch als subversive Handlung interpretiert wird, wird Anpassung zur Überlebenspflicht.

Diese Haltung ist tief in unserem „Genom" verinnerlicht. Sie tragen wir unbewusst in uns, und sie leitet unsere Entscheidungsprozesse, ja dominiert unseren „Gefühlshaushalt" – so meine Vermutung.

Meine Generation ist noch mit der Haltung erzogen worden: „Ruhe ist die erste Bürgerpflicht". Die Wut über die Studenten, die sich trauen aufzubegehren, in der Haltung: Widerspruch, Widerstand, Wut. Beide „Wutblickwinkel" sind verständlich, der aufbegehrende und der entrüstete über den Tabubruch.

Diese Phase der mythischen „68er" war ein fulminanter Punkt innerhalb einer Demokratisierungsentwicklung. Jetzt erst war Widerspruch möglich, ohne sein Leben zu riskieren oder mindestens einen „sozialen Tod" zu sterben; nämlich den der Ausgrenzung. Es genügte in meiner Kindheit noch ein roter Haarschopf(!), um Stigmatisierung und Mitleid zu ernten.

Mir geht es hier weniger um eine politische Betrachtung als um den Umstand einer **Phänomenologie des Gehorsams** und der Unterordnung und dies aufgrund von Gewalterfahrungen, Erfahrungen von Demütigung, Entrechtung, Vertreibung – gar Vernichtung. Das heißt, die Entwicklung des Menschen war eher davon geprägt, zu entsprechen, einem um Zustimmung heischenden Bild zu genügen; dies als erster Erziehungsreflex und als narratives Element der kollektiven Gewissheiten. Sich zurückzustellen, die kollektiv als erwünscht geltende Meinung zu adaptieren, das ist eine existenziell begründete Konsequenz menschlichen Verhaltens als Reaktion auf klassisch autoritäre, patriarchale, feudale Machtsysteme. Werden wir doch maßgeblich von der Angst gesteuert (vgl. Roth (2012), Hirnforscher). Auch Schriftsteller haben sich mit dem Phänomen der Angst und der deformierten Seele als Folge davon intensiv auseinandergesetzt, z. B. in Ödon von Horvaths „Der ewige Spießer" (2012), in Heinrich Manns „Der Untertan" (2012) und in Hermann Hesses Roman „Unterm Rad" (2012).

Die Mehrheit der Menschen – im Sinne Gauß'scher Verteilung – handelt in guter Absicht und sucht Anerkennung, Sicherheit und Sinnhaftigkeit der eigenen Existenz: Ist eine Gruppe von Personen stark genug, die Prämissen des Zusammenlebens dogmatisch zu definieren und die nicht Zustimmenden als Feinde zu stigmatisieren, werden viele Menschen in bester Absicht kooperieren, d. h. zustimmen.

Aus diesem Grund arbeiten alle dogmatischen, geschlossenen Systeme mit ähnlichen Manipulationsmustern: „Wer nicht für uns ist, ist gegen uns", „Nationalsozialismus oder Bolschewismus". Es gibt heilsbringende Systeme oder tödliche … Manipulative Kommunikation kann als Grundlage von Kooperation eingesetzt werden, um den Selbstwert des Einzelnen erodieren zu lassen und ihn gefügig zu machen. So kann Macht und Kontrolle ausgeübt werden.

Daher sind Witz, Humor und Kunst für alle Dogmatiker dieser Welt und ihre manipulativen Systeme ein massiv Angst auslösender Anschlag – und werden dementsprechend geahndet und verfolgt. Eine Widerstandsgruppe im „Dritten Reich" verspottete und karikierte die Pseudo-Wahl „Nationalsozialismus oder Bolschewismus" der Nazis mit dem Spruch „Erdäpfel oder Kartoffeln" (gelesen bei Watzlawick (2008)). Diese Gruppe wurde daraufhin massiv durch die Gestapo verfolgt.

Der Künstler und Regimekritiker Ai Weiwei, der in seinem Heimatland China fortwährenden Repressalien ausgesetzt ist, ist ein aktuelles Beispiel für die Angst totalitärer Regime und derer Kontrollmechanismen vor der Integrität des Menschen, die sich immer wieder Bahn bricht und ihren Ausdruck findet.

Diese strukturelle Verletzung der Integrität und Würde des Individuums mündet in einer Deformation der Seele. Nicht mehr als 10 % der Bevölkerung folgt psychopathologischen Mustern, findet beispielsweise Gefallen daran, andere Menschen ganz bewusst zu kränken (Stichwort „narzisstische Kränkung"). Alice Millers „Das Drama des begabten Kindes" ist hier erhellend (Miller 1983). Alfred Andersch (2006) beschreibt in „Vater eines Mörders: Eine Schulgeschichte" bezeichnend und akribisch den Vater Heinrich Himmlers als klugen und gleichzeitig sadistisch agierenden Lehrer an einem Münchner Gymnasium, dessen Handeln die Demütigung des Menschen zum Ziel hatte – zum Schutz vor den Gefühlen eigener Integritätsverletzung!

In seinem Bedürfnis nach Liebe und Anerkennung tendiert der Mensch zu Bestätigung der erworbenen Muster und Prämissen. Die Psychoanalyse spricht von der „Identifikation mit dem Aggressor", einem Phänomen, sich mit etwas zu identifizieren, das beispielsweise Angst macht, gleichwohl sehr vertraut ist. Was erklärt, wieso wir dazu neigen, Schmerzliches zu wiederholen: Wir finden Sicherheit in einem Meer ungestillter Bedürfnisse.

Niemand folgte Hitler mehr als die ihn verehrenden Kinder und Jugendlichen. Auch ein mexikanischer Killer im Auftrag der Drogenmafia schildert seine Liebe zum ermordeten Bruder, der eben beim Kartell eine „Familie" fand, und seine Anbetung der Mutter Maria, wobei er das Kreuz küsst. Gleichzeitig gibt er zu, Erwachsene und Kinder, ja ganze Familien im Auftrag zu morden – und Kokain zu konsumieren (Der Bund, Bern im September 2012).

Die Zeitenwende der letzten 40 Jahre

Unsere gesamten gesellschaftlichen Verhältnisse haben sich auf ungeahnte Weise demokratisiert. Gehorsam ist durch Entwicklung ersetzt worden – im Verhältnis zwischen Eltern und Kindern. Wir begründen unsere Instruktionen, fragen nach Bedürfnissen und diskutieren. Ist es deshalb verwunderlich, dass die pädagogische Entwicklung mit der Infragestellung und der aufkeimenden Wut gegenüber einer in weiten Teilen praktizierten Gehorsams- und Gleichschaltungspädagogik zunächst einen Trotzprozess durchlaufen musste? Und durch ein tendenzielles Gleichstellen eine eher „laisser-faire"-Grundhaltung ersetzt wurde? Eine Nivellierung jeglicher Hierarchie, ja jeglicher Unterschiede zwischen Kindern und Erwachsenen war die Folge davon.

Diese Dialektik war wohl notwendig, um überhaupt autoritative Prämissen entwickeln zu können, beispielsweise als Vater legitimiert zu sein, seinen Kindern einen Rahmen zu setzen, in welchem Entwicklung erst möglich wird. Es geht also nicht um Gehorsam und Unterwerfung als eigentliche Tugenden, es geht um mich, meine Wertvorstellungen, meine Gefühle: Was ist mir von Bedeutung, und wie vermittle ich das meinen Kindern und setze einen klaren Rahmen und verbindliche Absprachen?

Dieser Prozess setzt eine selbstverantwortliche Auseinandersetzung mit mir voraus, mit meiner Geschichte, meiner Geschichte mit meinem Vater, den erlernten Werten, den Überlebensprämissen und Erfahrungen. Welcher Sohn meiner Generation schaut auf Episoden mit dem eigenen Vater zurück, wo gemeinsam über Gefühle gesprochen wurde? Über Unsicherheit und Verletzungen? Über Liebe und Glück? Scheitern und Gelingen? Nicht abstrakt, sondern auf sich bezogen? Wer erinnert sich daran, dass der Vater ihm einmal gesagt hätte, dass er ihn, seinen Sohn, liebe?

Franz Kafka mit seinem „Brief an den Vater" (2012) und Christoph Meckel mit seinem „Suchbild" (2012) geben hiervon berührend Zeugnis. Auch Robert Redfords Film „Aus der Mitte entspringt ein Fluss" ist hierfür ein bewegendes Dokument.

▶ Die demokratische Entwicklung erlaubte erst durch die geschaffene relative existenzielle Sicherheit einen Prozess der Selbstzuwendung, der Selbstwahrnehmung.

Erst im Zuge dieser Entwicklung gelang es, wenn auch zunächst unter Schwierigkeiten, miteinander auch über die eigenen Gefühle und die Dinge des Lebens zu sprechen, die uns in der Beziehung zum anderen von Bedeutung sind.

Es ist berührend, welche Wirkung dieser Prozess in der Beziehung mit Kindern hat: „Verbindlichkeit ist für mich ein hoher Wert, Jakob. Es ärgert mich, wenn du diese getroffene Vereinbarung nicht einhältst. Es schmerzt mich und macht mich traurig, weil ich an Situationen in meiner Kindheit erinnert werde. Da fühlte ich mich im Stich gelassen bei einem gebrochenen Wort. Ich will, dass du diese Vereinbarung einhältst."

Eine Episode mit meinem Sohn Jakob, immer wieder der Versuch, auch bei Ärger nicht schuldig zu sprechen, sondern mir meine erzieherische Vater-Verantwortung zu vergegenwärtigen. So wird es möglich, auch definitive Grenzen durchzusetzen, innerhalb derer Entwicklung, beispielsweise zur Verbindlichkeit, erst gedeihen kann.

4.1 Von der Gehorsams- zur Verantwortungskultur

An dieser Stelle zeigt sich die Brücke zu Führung. Erst meine Führung erlaubt es, die Führung anderer Menschen beanspruchen zu dürfen. Erst durch meine Zuwendung kreiere ich den erlaubten Rahmen, mich als Mitarbeitender mir zuzuwenden, meine Bedürfnisse wahrzunehmen und auch aussprechen zu dürfen.

> Meine innere Haltung dominiert die Kommunikation und deren Wirkung.

Unsere gesellschaftliche Entwicklung der Nachkriegszeit gebar – nach der unendlichen Gewalt des Nationalsozialismus – die Gewalt des Terrorismus der „Rote-Armee-Fraktion (RAF)". Margarethe von Trotta zeigt in ihrem Film „Die bleierne Zeit" den Zusammenhang „der Identifikation mit dem Aggressor" auf: Die protestantische Pastorentochter Gudrun Ensslin sucht sich aus der Rigidität und dem Dogmatismus ihres Elternhauses zu befreien. Sie bleibt hingegen auf der Prämissenebene der restriktiven Haltung treu und übertrumpft den Vater mit scheinbar diametralen Ansichten bei gleichzeitiger tiefer Loyalität: Das Dogma wird über die Würde des Menschen gestellt.

So konnte sich aus einer intelligenten und empfindsamen Journalistin wie Ulrike Meinhof, die für den Tabubruch stand, eine Frau entwickeln, die schrieb: „Der Polizist ist das Schwein", und so das Morden legitimierte. Sie stand so paradoxerweise auf einer Haltungsebene mit beispielsweise Roland Freisler, dem Präsidenten des mörderischen Volksgerichtshofes des „Dritten Reiches": Für ein hehres Ziel (in der eigenen Wertekonstruktion) ist die Vernichtung der Andersdenkenden legitim.

Dieser Demokratisierungsprozess ermöglichte einen Diskurs und eine Entwicklung – neben den Errungenschaften des Grundgesetzes, der Verfassung: die Verantwortung für sich selbst zu übernehmen! Erst der demokratische Rechtsraum schuf die Sicherheit und Basis für die kognitive und emotional-spirituelle Entwicklung der Selbstwürdigung als Voraussetzung für Selbstverantwortung. Wir sind damit am Anfang und unser Gedächtnis ist gut. Es erinnert sich an das Joch der Unterdrückung, der Angst und der Manipulation. Nun erst kann sich die bewusste Ebene der Gefühle, der Werte, der Erfahrungen als Voraussetzung für die eigene Selbstwahrnehmung entwickeln. Das Individuum, das sich nun die Erlaubnis erarbeitet über sich zu sprechen, sich als subjektives Subjekt zu begreifen, das angewiesen ist auf Bestätigung, Dialog und Zuneigung.

Was bedeutet all dies für Unternehmen?
Wie sah dort die Entwicklung vom Gehorsam zur Verantwortung aus?

Führen und Handeln und Verantworten, das alles ist ein komplexes Metier. Notwendig für die Menschheitsentwicklung im Sinne Pestalozzis – mit Herz,

Hand und Verstand (Pestalozzi 2001) – und aufgeladen mit antagonistischen Assoziationen in „gut" und „böse". Augustinus und der Heilige Benedikt schrieben Phantastisches über Mut und Demut. Den Mut, eine eigene Idee zu kreieren. Den Mut, das Risiko einzugehen, diese Idee zu verwirklichen und damit eine Entscheidung zur Unterscheidung zu treffen. Die Motivation des Unternehmers, der sich durch sich führen lässt und sich „demütig" zur Verfügung stellt, seiner Idee dient – und damit den Menschen dient, die er braucht, diese Idee zu realisieren.

Die Idee nach Platon und die kreative Differenz zwischen Menschen und ihren Motivationen nach Hervorbringung ihrer selbst sind die Motoren wirtschaftlicher und sozialer Entwicklung. Wie ich schon im ersten Teil des Buches darzustellen versuchte, braucht es für jegliche Entwicklung einen notwendigen Rahmen, der gehalten wird – und zwar von dem, der führt, und im Idealfalle von denen, die geführt werden im Sinne von Sinnstiftung, Beteiligung und Verantwortung.

Ansonsten entsteht Führung im Sinne von Herrschaft, Unterwerfung und eben Gehorsam.

Ich vermute die Relevanz von drei Aspekten:

- die Frage nach dem Sinn,
- die Frage nach dem eigenen Wert, der eigenen Würde, der eigenen Integrität,
- der Spiegel der Epochen, der Menschenbilder, der Werte unserer Zeitläufe.

Beobachte ich unternehmerisches Handeln, unterscheide ich zwischen Motiven, die einerseits einer sinnstiftenden Idee und ihrer Verwirklichung verpflichtet sind und anderseits Motiven, die eher in der Macht und der Geldmehrung liegen. Mir begegnen unterschiedliche Ausprägungen der genannten Motive.

Der Herrscher und König, der Patriarch steht sowohl als Sinnbild für Unterwerfungsverhältnisse und Ausbeutung als auch für väterliche Güte und Gerechtigkeit. Der der christlichen Ethik verpflichtete Handwerksmeister repräsentiert auch dieses traditionelle, „herrschaftliche" Spektrum, seiner Kirche verpflichtet. Damit etablieren sich immer wieder patriarchale Zustände – den Zeitläufen entsprechend. Hier verbinden sich die genannten drei Aspekte.

Welcher Sinn, welches Motiv treibt mich?
Wie ist die Konstitution meiner inneren Haltung im Kontext des kulturellen Geschehens?

Einhergehend mit rechtsstaatlichen Räumen und einer demokratischen Entwicklung in der Erziehung, der Annäherung einer Gleichstellung der Geschlechter, ist ein analoger Prozess beobachtbar: Kreativität und Leistung sind nicht mehr trennbar von der Würde und Integrität des Menschen. Die Paradigmen ändern sich.

4.1 Von der Gehorsams- zur Verantwortungskultur

Der Mensch als Gegenstand der Ausbeutung im feudalen Mittelalter, seiner Knechtung, Entwürdigung, Wertlosigkeit fand und findet seine Höhepunkte in Systemen, die die Gleichschaltung und Vernichtung Andersdenkender und – fühlender zum Ziele haben. Um ihr Macht- und Weltbild durchzusetzen. Im Unternehmenskontext sind diese Strukturen auch heute weltweit beobachtbar. Es fand eine Externalisierung und Kolonialisierung dieser Strukturen statt.

In unserem kulturellen Kontext begann der Lohnarbeiter in der Gründerzeit der Industrialisierung aufzubegehren und durch revolutionäre Akte eine Sozialdemokratisierung zu bewirken. Diese Entwicklung fußte auf den humanistischen Errungenschaften des Christentums, des Neuen Testaments, der Bergpredigt, den Schriften Hegels.

Den Zusammenhang zwischen Integrität des Individuums und seiner Leistungsbereitschaft begriffen im wortwörtlichen Sinne auch schon Unternehmer innerhalb autoritärer, monarchischer Systeme. Erhellend ist hier der fürsorgliche Deal preußischer Großgrundbesitzer und protestantischer Unternehmertraditionen: Versorgung und Loyalität gegen Unterwerfung bzw. Unterordnung gegenüber „ewigen" Standesordnungen – dies die europäische Variante eines humanitär gekleideten Kastensystems. Die Bismarck'sche Sozialgesetzgebung zum Ende der deutschen Monarchie ist hier als geschickter Tribut zu verstehen, die alte Ordnung aufrechtzuerhalten.

Der Text von Karl Marx über „Entfremdung" zeigt hier ein luzides Begreifen: Der Mensch – so sagt er – möchte sich hervorführen, sucht nach Sinnstiftung im Tun und „entfremdet" bei purer tayloristischer Lohnarbeit (Marx 2009). „Moderne Zeiten" von und mit Charlie Chaplin kann als herrliche Parodie dieses Umstands gesehen werden, ebenso wie „Der große Diktator" als kongeniales Monument der eigentlichen Lächerlichkeit eines diktatorischen Ansinnens interpretiert werden kann.

Dieser Zusammenhang fand erst in den letzten Jahrzehnten Eingang in das „Herrschaftsdenken": Die Partizipation der „Arbeitnehmer" nicht nur als eine Funktion sozialen Friedens, als Alternative zur diktatorischen Domestizierung – nein, die Entwicklung des Menschen, seine Integrität, seine Konstitution ermöglichen eben durch diese Beachtung Kreativität, Leistungsbereitschaft und Wertsteigerung.

Dies ist ein Epochenwandel, der sich in Unternehmen niederschlägt: von der tendenziellen Ausbeutung des Menschen über den Menschen, den Werktätigen, den Arbeitnehmer als „humanen Faktor" in der Nachkriegszeit hin zu Ebenbürtigkeit, Verantwortung und Integrität, ein Zeichen einer sich wandelnden inneren Haltung als Unternehmer und Führungskraft.

Festzustellen ist eine tiefgreifende Wandlung der Inneren Haltung einer Vielzahl von Menschen. Verantwortlich dafür ist die demokratische

Entwicklung als Raum zur Entstehung und Bedingung für die körperliche, geistige, seelische und spirituelle Integrität des Menschen.

Dies wiederum lässt ein inneres Bild von Wert und Unversehrtheit der eigenen Person gegenüber und als Bedingung und Folge eine respektvolle Haltung, ein verantwortliches Gebaren gegenüber den Mitarbeitenden entstehen. Dies schließt Auseinandersetzung und damit die Erkenntnis des kreativen Mehrwertes mit ein...

Exakt an diesem Erkenntnispunkt stehen junge Unternehmer, die eine Nachfolge antreten oder ein eigenes Unternehmen gründen. Die Umsetzung dieses Erkenntnisprozesses beschreibt das folgende Kapitel.

Literatur

Andersch A (2006) Vater eines Mörders: Eine Schulgeschichte. Diogenes, Zürich
Der Bund (September 2012) Espace Media AG, Bern
Hesse H (2012) Unterm Rad. Suhrkamp, Berlin
Kafka F (2012) Brief an den Vater. Vitalis, Mitterfels
Mann H (2012) Der Untertan. FischerTaschenbuchverlag, Frankfurt
Marx K (2009) Ökonomisch-philosophische Manuskripte aus dem Jahre 1844. Suhrkamp, Berlin
Meckel C (2012) Suchbild. Über meinen Vater. Fischer Taschenbuch-Verlag, Frankfurt
Miller A (1983) Das Drama des begabten Kindes und die Suche nach dem wahren Selbst, 27. Aufl. Suhrkamp, Berlin
Pestalozzi JH (2001) Ausgewählte Schriften, Studienausgabe. Beltz, Weinheim
Roth G (2012) Persönlichkeit, Entscheidung und Verhalten: Warum es so schwierig ist, sich und andere zu ändern, 7. Aufl. Klett-Cotta, Stuttgart
von Horvath Ö (2012) Der ewige Spießer. Salzwasser Verlag, Paderborn
Wallace DF (2012) Das hier ist Wasser – Anstiftung zum Denken. Kiepenheuer & Witsch, Köln
Watzlawick P (2008) Wenn du mich wirklich liebtest, würdest du Knoblauch essen. Glück und die Konstruktion der Wirklichkeit. Piper, München/Zürich

5 Veränderungsprojekt – Der Verlag der NORDSEE-ZEITUNG im Wandel

▶ **Prolog**

„Ich glaube, das geisteswissenschaftliche Mantra, „das Denken zu lernen", läuft im Grunde darauf hinaus, dass ich ein bisschen Arroganz ablege, ein bisschen „kritisches Bewusstsein" für mich und meine Gewissheiten entwickle ... denn das Zeug, dessen ich mir automatisch sicher bin, erweist sich größtenteils als total falsch und irreführend. Ich habe das auf die harte Tour gelernt, und ich fürchte, das werden Sie nach Ihrem Abschluss auch tun müssen."

„... es geht vielmehr darum, ob ich diese angeborene, fest verdrahtete Standardeinstellung irgendwie ändern oder überwinden möchte, diese tief sitzende und im wahrsten Sinne des Wortes zu verstehende Ichbezogenheit, derentwegen wir alles durch die Linse des Selbst sehen und interpretieren." (Wallace 2012)

In diesem Projektbeispiel wird dargelegt, wie die Veränderung von einem klassisch patriarchal geführten zu einem der Verantwortungskultur verpflichteten Unternehmen gelingen kann – und dies im Kontext eines radikalen Marktwandels in digitalen Zeiten.

Die Erörterungen des ersten Teils von Kap. 3 werden hier aus einer unternehmerischen Führungsperspektive überprüft. Ein junger Unternehmer übernimmt sukzessive ein Traditionsunternehmen, dessen Branche sich in einem massiven Wandel befindet. Er initiiert einen inhaltlichen und kulturellen Veränderungsprozess.

Episoden dieses Wandels werden geschildert und Interviews aus verschiedenen Hierarchieebenen schließen den Praxisteil ab.

5.1 Status quo

Es handelt sich um ein Traditionsunternehmen: die NORDSEE-ZEITUNG in Bremerhaven.

Mit eigenem Druckzentrum und mehreren Blättern, wobei eben die NORDSEE-ZEITUNG das journalistische Zentrum des Unternehmens darstellt. Geführt wird das Haus in dritter Generation von der Familie Ditzen. Allein dieser Umstand verlangt Respekt, Respekt, weil durch alle Zeitläufe und wirtschaftlichen Veränderungen das Überleben gesichert werden konnte. Damit wurden Arbeitsplätze begründet, und es wurde damit in den letzten Jahrzehnten ein demokratischer Beitrag geleistet für die unabhängige, regionale journalistische „Grundversorgung" Bremerhavens und der Region. Der betriebswirtschaftlich gut ausgebildete Nachkomme Matthias Ditzen-Blanke betrat vor ca. zehn Jahren die unternehmerische Bühne.

Das „Alt-Unternehmerpaar" sitzt operativ noch fest im Sattel, und der „Junge" beginnt, im Unternehmen inhaltlich und kulturell Patz zu nehmen:

- Er erkundet Machtstrukturen, Entscheidungswege, betriebswirtschaftliche Strukturen und Marktgegebenheiten,
- erkundet seine Rolle, nimmt seine Talente und Unsicherheiten wahr,
- entdeckt die Druckerei als defizitäres System,
- begreift, dass er vor einem Gedanken an eine mögliche kulturelle Veränderung sich vorerst dem „Alten und Tradierten" gegenüber, also den etablierten Strukturen und deren Akteuren, respektvoll und würdigend zu verhalten hat,
- muss wirtschaftlich reüssieren, um den Respekt und das Vertrauen derer zu gewinnen, die das Unternehmen, dessen Erfolg und auch die Schattenseiten verantworten.

Er hat den Mut, sich die Druckerei zum ersten Ziel seines unternehmerischen Handelns zu machen. Er analysiert Strukturen, die ihm im neuen Jahrtausend anachronistisch erscheinen. Beginnt, heilige gewerkschaftliche Kühe zu schlachten, ohne den Wert gewerkschaftlichen Handelns grundsätzlich infrage zu stellen. Er initiiert den Neubau eines Druckzentrums und entwickelt eine effiziente und schlankere Struktur der Mitarbeiter mit betriebswirtschaftlich begründeten Löhnen. Er verantwortet Entlassungen, die ihm notwendig erscheinen, um das Unternehmen gesunden zu lassen, setzt sich mit den Menschen auseinander und beweist Rückgrat und Beharrlichkeit. Es etabliert sich ein Druckzentrum mit modernstem Druckverfahren und kompetenten Mitarbeitern mit dem Ziel der wirtschaftlichen Selbststeuerung des Druckzentrums.

Analog zu diesem Prozess bildet sich der Jungunternehmer weiter. Er möchte sich und seine Verhaltensmuster bezüglich Führung kennenlernen und besucht Selbsterkundungsworkshops. In diesem Zusammenhang lernten wir uns kennen, in einem Intensiv-Workshop „Gruppendynamik" vor ca. acht Jahren.

Diese Prozesse, der strukturell-inhaltliche und kulturell-persönliche, provozieren einen professionellen Blick auf zwei Ebenen: Wie wirkungsvoll sind die Prämissen unseres Handelns im Unternehmen – inhaltlich und kulturell?

Der Blick des jungen Unternehmers weitet sich, und er nimmt folgende Fragen in den Fokus:

- Wie gestalten sich die Kooperationsprozesse innerhalb der Bereiche, wie vernetzt agieren diese untereinander?
- Wie transparent sind Entscheidungsprozesse?
- Wie gestalten sich die Rekrutierungsprozesse von neu zu gewinnenden Mitarbeitern?
- Wie ist das Konfliktmanagement?
- Wie ist die grundsätzliche Konfliktkultur im Unternehmen?
- Werden Störungen benannt und Erwartungen formuliert?
- Wird direkt auf eigene Bedürfnisse bezogen gestritten?
- Wie gestaltet sich die Kultur der Verantwortung?
- Agieren wir hierarchisch, abgeschottet – eher autoritär?
- Wie sind unsere kulturellen Prämissen?
- Wie ist unser Selbstverständnis bezüglich Verantwortung, Vernetzung, Führung und Leistung?
- Haben wir kollektiv eine Erlaubnis, von der Meta-Ebene aus unsere Organisation zu betrachten, uns Glaubenssätze bewusst zu machen und die „Frechheit", diese infrage zu stellen?

Hier beginnt in diesen ersten Jahren ein intensiver, innerer Prozess des Jungunternehmers. Die Auseinandersetzung mit der eigenen Person rückt ins Zentrum. Im Zuge dessen schärft sich auch die Beobachtung der äußeren Umstände, es reifen hinzugewonnene Strategien und es entstehen neue Prämissen.

5.2 Verlauf – neun Episoden

Episode 1 14 Führungskräfte aus unterschiedlichen Unternehmen sitzen in einem Stuhlkreis. Es ist der dritte Tag einer Intensiv-Veranstaltung. Es geht darum, die eigene Wirksamkeit in einem Gruppenprozess zu erkunden. Welche Rolle wähle ich – bewusst oder unbewusst – innerhalb eines gruppendynamischen Prozesses, wie führe ich Entscheidungen herbei und setze mich auseinander? Hinter den Führungskräften liegen zwei herausfordernde, manchmal gar zehrende Tage. In diesem Workshop ist die „Welt auf den Kopf gestellt": Die Einflussnahme über die gemeinhin so priorisierte inhaltliche Kompetenz wird komplett ad absurdum geführt. Jenseits von sozialer Herkunft und Status begegnen sich die Menschen über die Präsenz ihrer eigenen Person und ihrer Wirkung. Sie begegnen sich über die Mechanismen, die üblicherweise nur verdeckt die Kommunikation dominieren. Also findet hier „die Normalität des Verrückten" statt. Das ist anstrengend.

Persönliche Fragen treiben die Teilnehmenden um:

- Was ist mir wichtig?
- Wie gehe ich mit meinen Gefühlen um?
- Welches sind meine Muster, mich zu positionieren?

Auch der junge Unternehmer ist in einem anstrengenden Selbsterkundungsprozess gefangen, sind doch der übliche soziale Status und die sich damit verbindenden Kommunikationsmuster hier gänzlich obsolet. Der junge Mann spürt seinen eigenen inhaltlichen Perfektionsanspruch bezüglich seiner Führungsrolle und der Forcierung inhaltlicher Entscheidungsprozesse. Er begegnet seiner Überforderung und seinem temporären Schmerz, damit im unternehmerischen Kontext ziemlich alleine zu sein. Er entdeckt, welche Wirkung es hat, über sich selbst und seine Gefühle zu sprechen. Dies allerdings setzt voraus, dass Unterbrechungen und Pausen gemacht werden – damit man überhaupt die Möglichkeit hat, sich wahrzunehmen. Es entsteht die Gelegenheit, mit anderen Menschen über sich und seine Gefühle, seine Freude, sich unterstützt zu fühlen, allerdings auch über seine Ängste und Unsicherheiten zu sprechen. So kann ein tieferes Verständnis für sich selbst, für sein Gegenüber und seine ihn umgebenden Mitmenschen erwachsen.

Damit eine Kooperationskultur initiiert wird, ist es nötig, das eigene Bedürfnis nach Unterstützung zu formulieren.

Für den jungen Unternehmer entsteht – frei nach Stefan Zweig (2013) – vielleicht seine „Sternstunde der Menschheit":

- Er entdeckt seine Selbstwahrnehmungskompetenz, also seine Empfindsamkeit, und welche eigenen Ressourcen ihm zur Verfügung stehen.

5.2 Verlauf – neun Episoden

- Er entdeckt seine Kompetenz zu führen – neben inhaltlichen Kompetenzen –, mit seiner ganzen Person, seinen Erfahrungen und seiner Berührbarkeit.
- Er entdeckt die Konsequenz für das eigene Unternehmen: Nur über Ebenbürtigkeit entsteht der Raum für leistungsorientierte Kommunikation und Kooperation – ein Raum ohne Angst. Ohne Angst vor Demaskierung, Desavouierung und Demütigung. Ein anti-autoritärer Raum – nicht anti-autoritativ.

Schon der meist missverstandene Gründer des englischen Internates „Summerhill", Alexander Sutherland Neill, der für den „anti-autoritären Erziehungsansatz" stand und steht, sagte:
„Freiheit heißt nicht Zügellosigkeit."

Der gruppendynamische Prozess provoziert die Begegnung mit sich selbst über den Kontakt mit den anderen Gruppenmitgliedern:

- Wie setze ich mich am wirkungsvollsten durch oder komme zu einem von mir akzeptierten Kompromiss?
- Was mache ich mit meinem Ärger und meinen Vorurteilen?

Der Schlüssel, über sich zu sprechen, benötigt eine Entwicklung, die hier komprimiert stattfindet: Welchen Rahmen geben wir uns und wie definieren wir gemeinsam Regeln?

Der Unternehmer lernt hier den Wert frühzeitiger Partizipation kennen und erfährt, was dies voraussetzt: nicht auf gottgegebene Hierarchie setzen, sondern die eigenen Ansprüche geltend machen, ohne Widerspruch als Ablehnung der eigenen Person zu deuten, sich auseinandersetzen. Dies ist ein Akt sozialen Lernens, über sich zu sprechen und Feedback zu geben.

Eigenpositionierung versus Feindseligkeit
Vertrauen versus Angst

Innerhalb dieser Selbsterkundungsgruppe bezüglich Führung ist es berührend zu erleben, wie sogenannte „gestandene" Frauen und Männer entdecken, wie sie tatsächlich über ihre Kommunikation, den Ausdruck ihrer Gefühle eine Verbindung zu ihren Erfahrungen herstellen und damit den Boden für Verständnis und Kooperation dann auch bezüglich der Sache herstellen: Dies setzt allerdings einen sicheren Rahmen voraus, der benannt und gestaltet werden muss – eine Führungsaufgabe eben.

Diese Erfahrungen wirken prägend auf den jungen Unternehmer, und er beginnt in Folge, die Unternehmenskultur im Hause genauer zu betrachten.

Episode 2 Wie funktionieren eigentlich Verlage seit alters her? Eine starke Verlegerpersönlichkeit ist prägend: Augstein, Nannen und Springer sind legendäre Namen in der deutschen Historie.

Berühmt geworden sind sie durch ihr demokratisches journalistisches Credo und ihren patriarchalen, autoritären Führungsstil. Die Journalistinnen des Nachrichtenmagazins „Der Spiegel" wiesen erst kürzlich in eigener Sache auf diese Diskrepanz hin: Demokratie und Gleichberechtigung seit Jahrzehnten mit journalistischer Raffinesse gesellschaftlich einfordern und im eigenen Hause diametral praktizieren. Die Meta-Ebene in eigener Sache? Wohl bis dato eher tabu!

Dies stellt sich – mit Verlaub und Respekt vor den verlegerischen Leistungen – im Hause Ditzen vergleichbar dar. Eine beeindruckende Verlegerpersönlichkeit führt autoritär das Haus mit treuen „Heinrichen" an ihrer Seite. Über Jahrzehnte gilt das uneingeschränkte Treuegelöbnis zum Verleger – im Gegenzug gilt ein uneingeschränktes Loyalitäts- und Fürsorgegelöbnis auch vonseiten des Verlegers zu den Mitarbeitern.

Kündigungen wurden nicht ausgesprochen, eine Überprüfung der Leistung fand so gut wie nicht statt – schon gar nicht in einem Feedback- und Konfliktverfahren. Fehler wurden zwar anklagend geahndet, dadurch jedoch wurde lediglich Angst gesät, Chancen, die aus der Aufdeckung von Fehlern und Konflikten erwachsen, wurden so nicht genutzt. Die Prämissen der Führung galten als sakrosankt. Eine Meta-Ebene in der Unternehmenskultur war undenkbar. Selbstredend geschah alles in bester Absicht und war zweifelsohne bis dato erfolgreich, wenn man vom puren Überleben des Unternehmens ausgeht. In jedem Fall aber adäquat zu den patriarchalen Zeitläufen.

Diese vielleicht leicht polemische Schilderung beschreibt den Status quo, wie er sich für den jungen Unternehmer darstellt – und zwar mit folgenden Konsequenzen:

- Die Marktsituation erfordert die Infragestellung aller existenziellen Prämissen, da die Medienlandschaft sich digital revolutioniert.
- Gefragt sind Mitarbeiter, die hoch unternehmerisch und selbstverantwortlich denken, fühlen und handeln und nicht infantilisiert sind.
- Es geht nicht mehr darum, dass sich Kinder um die Gunst des „Vaters" streiten.

Für den jungen Unternehmer stellt sich eine Situation dar, die dringend einer Analyse bedarf und dementsprechend nach einer Veränderungsperspektive verlangt.

Durch seine Kompetenz, sich durch Coachings einem externen Feedback, also Blickwinkel auszusetzen, findet er sukzessive einen gangbaren Weg zwischen dem notwendigen Respekt vor der „letzten Instanz im Unternehmen", dem Tabu und der gleichzeitigen Notwendigkeit, die von ihm aufgestellten Prämissen infrage zu stellen: durch eine innere Haltung der Wertschätzung.

5.2 Verlauf – neun Episoden

Hierfür braucht es unterstützende Mitstreiter, die ähnlich „ticken". Der Chefredakteur Jost Lübben – ein dem Hause Verbundener – setzt sich aus purem Eigeninteresse einem ganzen Selbsterkundungs-Zyklus über Führung aus. So entsteht eine Keimzelle der wirksamen Veränderung: Hier paart sich Liebe und Respekt zum Unternehmen mit der Inspiration und Verve, das Unternehmen auf dem „historischen und gegenwärtigen Humus neu zu begründen und neu zu erfinden".

Episode 3 Es findet ein Treffen in einem Hotel in Hannover statt: der Unternehmer, der Chefredakteur und ich.

Ich lasse mir die Unternehmenssituation beschreiben. Geschildert wird die defizitäre Verantwortungskultur, die sich durch autoritär-patriarchale Prämissen ausdrückt. Es gibt ein ausgeprägtes Bereichsdenken und betriebswirtschaftlich fragwürdige Unternehmenssituationen, die häufig dem Stillschweigen und der Zugehörigkeit zu der etablierten Führungsebene geschuldet sind.

Der junge Unternehmer äußert seinen unbedingten Willen, den Verlag in die Zukunft zu führen. Seine Intention ist nun, nach ersten betriebswirtschaftlichen Schritten – Stichwort Druckerei – den Wandel der Unternehmenskultur voranzubringen. Er meint, er sei nun seit zehn Jahren im Unternehmen und genügend etabliert, um diesen Schritt gehen zu können.

Als Keimzelle des Verlages fungiert die Zeitung – und damit die „Zeitungsmacher". Diese sollen in einem „Pilotprojekt" den Veränderungsprozess starten. Auch innerhalb der Chefredaktion – initiiert vom Chefredakteur Jost Lübben – gab es schon eine strukturelle Veränderung: Die Köpfe der einzelnen Redaktionen sitzen nicht mehr getrennt in ihren Redaktionen, sondern sind vereint an einem „Round Table".

Um das Ziel des Prozesses – nämlich eine höhere Vernetzung und Synergie auf der Ebene der Blattmacher – zu erreichen, empfehle ich ein Vorgehen mit schlankem Design. Die sind meinem „systemischen" Paradigma geschuldet: Gehe ich doch von der potenziellen „Weisheit und Verantwortung" des Unternehmens und seiner Mitarbeiter als existenzielle Hypothese aus.

Als flankierende Maßnahme ist nur ein erweiterter Rahmen sinnvoll, um

– den Blickwinkel auf sich selbst zu verändern,
  Stichworte: Kooperationspartner – Konfliktpartner – Mit-Unternehmer;
– den Blickwinkel auf die „Kollegen" zu verändern,
  Stichworte: Selbstwahrnehmung – Selbstvertrauen – Selbstverantwortung;
– den Blickwinkel auf das Unternehmen zu verändern:

„Ein Spielfeld" mit mir als gestaltendem „Spieler", der von seiner Perspektive alle Erlaubnis hat, seiner Verantwortung zu folgen, seine Vorstellungen, seine Bedürfnisse und Erwartungen für das eigene „Spielgelingen" direkt an die Frau oder den Mann zu bringen – jenseits von „eitlen Macht- und weiteren abträglichen Prestige-Strukturen";
- „gewaltfreie", verantwortliche Kommunikation zu üben.

Das vereinbarte Design sieht folgendermaßen aus:

- **Einzelgespräche** mit den **einzelnen Blattmachern** mit der Intention: Transparenz über Auftrag und Begleiter, Coaching über „Innere Haltung" und Formulierung klarer Erwartungen als Vorbereitung für den folgenden Workshop,
- **Workshop** Führung, Vision, Status quo und Verantwortung – mit der gesamten **Chefredaktion,**
- **Follow-up** ungefähr ein halbes Jahr später,
- **Teamentwicklungen** mit allen Redaktionen, die durch ihre Führungskräfte Bedarf anmelden, repräsentative Einzelgespräche vor den Veranstaltungen,
- **Workshop** mit der **gesamten Führungscrew** des Unternehmens zusammen mit dem Unternehmer, vorgeschaltete Einzelgespräche (und zwar vor den Workshops mit den Redaktionen),
- **Status-quo-Coaching** mit dem **Unternehmer** am Ende des Jahres.

Episode 4 Bad Bederkesa ist ein beschaulicher Ort zwischen Bremerhaven und Cuxhaven. Hier findet der erste Workshop mit den „Blattmachern" statt. Durch die gemeinsame Arbeit in den Führungs-Workshops ist mir der Chefredakteur Jost Lübben vertraut, und ich weiß, dass dieser hoch motiviert ist.

Durch die Einzelgespräche ist bei mir das Bild von einer „leidenschaftlichen Truppe" entstanden. Hier sind sich alle einig darin, täglich das bestmögliche Blatt herstellen zu wollen.

Das Team weiß um den Veränderungsbedarf der journalistischen Arbeit:
Die Konsumgewohnheiten wandeln sich – angesichts der medialen Digitalisierung – gravierend. Jeder verstorbene Abonnent hinterlässt eine Lücke, die sich nicht schließt. Die Notwendigkeit, die eigenen journalistischen Prämissen zu hinterfragen, steht außer Frage:

Was nehmen wir hinzu, was modifizieren wir, was an unserem Profil bestätigen und schärfen wir?

Diese inhaltlichen Fragen treiben die Redaktion um. Das operative Tagesgeschäft lässt kaum Zeit, solche grundlegenden Themenstellungen zu vertiefen. So ist der

Workshop ein willkommener Anlass für die Mannschaft, an ihrem visionären Profil zu arbeiten und an ihrer Verantwortungskultur.

Das Team ist sich sehr kameradschaftlich verbunden, allerdings gibt es unausgesprochene Konflikte und eine „Kommunikation über den Chefredakteur" – ein Spiegel der historischen Unternehmenskultur.

Ein zweites „dysfunktionales Syndrom" sind chronische Überlastungen vieler Mitarbeiter. Häufig betroffen sind die leitenden Redakteure. Dies ist ein Symptom, das auf ein defizitäres Bedürfnis- und Erwartungsmanagement innerhalb des Teams hinweist.

Aufgrund der hohen intrinsischen Motivation der Journalisten entsteht rasch eine engagierte Arbeitsatmosphäre. Die journalistische Vision der Zeitung wirft kontrovers zu diskutierende Fragen auf: Print versus Digital, Fragen um die journalistische Kernkompetenz und die Art der gemeinsamen Vernetzung. Hier ist die Brücke, die meist unbewusste Kultur in den Blick zu nehmen. Der Chefredakteur nutzt den Feedback-Prozess für die Entstehung einer neuen Erlaubnis: sich mit seinen inhaltlichen und emotionalen Bedürfnissen und dahinter verborgenen Befindlichkeiten klar zu artikulieren. Es entsteht unter den Journalisten ein Moment gespannter Aufmerksamkeit und verstehender Konflikt-, also Auseinandersetzungsbereitschaft.

Ein Journalist formuliert, es entstünde für ihn ein neues Führungsbild. Es sei nun für ihn legitim, seine Erwartungen zu formulieren. Bis dato hätte er dies mit einem „autoritären Führungsstil" assoziiert. Nun hätte er erlebt, dass es weniger um Gehorsam als vielmehr um ein Verstehen ginge als gemeinsame Grundlage für eine Auseinandersetzung. Bei dieser sei es dann auch erlaubt, seinen Widerwillen kundzutun oder sein Veto einzulegen, sollte die Entscheidung vonseiten des Chefredakteurs schon gefallen sein – eine Kultur maximaler Selbstverantwortung.

Es tut den Workshop-Teilnehmern richtig gut, den Chefredakteur bei der Formulierung auch seiner Ärgernisse zu erleben: beispielsweise über die Unzufriedenheiten, die ihm zugespielt werden. „Das stört mich, da es mich belastet und auch hilflos macht. Mein erster Impuls ist, die Verantwortung zu übernehmen. Meine Erwartung ist, dass du es direkt klärst."

Berührend sind die Sequenzen, wie diese erfahrenen Journalisten über ihre Bedürfnisse direkt miteinander sprechen und so eine komplett erneuerte Kultur des Verstehens entsteht: „... Da fühle ich mich erschöpft und alleine gelassen. Ich erwarte, dass wir diesen Punkt verhandeln ...". Damit einher geht eine Kooperation, die als wirklich unterstützend empfunden wird.

Es entsteht

- die grundlegende Erlaubnis, sich selbst zum Ausdruck zu bringen und
- dementsprechend ein reformiertes Bild von Führung und Verantwortung,

- ein Verantwortungsrahmen, der unterstützend wirkt – mit allen Konsequenzen für die Integrität des Menschen,
- eine respektvollere und damit leistungsorientiertere Arbeitskultur.

Auch hier ist zu beobachten, mit welcher Verve sich die Menschen bei der Definition der konkreten Veränderungsschritte auseinandersetzen und für Verbindlichkeit sorgen.

Episode 5 Teamentwicklung in der Nachrichtenredaktion. Die erfahrene und versierte Kulturredakteurin schildert mir im Einzelgespräch ihre Not: Mit ihrer Leidenschaft für Besprechungen von Theateraufführungen, Ausstellungen und anderen kulturellen Veranstaltungen sähe sie sich zu wenig gewürdigt. Maximal 20 % ihrer Ressourcen seien genutzt. „Nein", äußert sie, „ich habe diesen Umstand noch nicht direkt angesprochen." Angst vor einer Kündigung, vor dem Verlust des Arbeitsplatzes sei das Motiv ihres Schweigens.

Während des Feedback-Prozesses kommt es zu einer Überraschung: Der stellvertretende Chefredakteur, zuständig für den „Mantel" der Zeitung, drückt seine explizite Erwartung aus, dass sich die zuständige Kulturredakteurin eben dieser Themen mehr annähme. Erstaunen zeichnet sich im Gesicht der Redakteurin ab. Schon möchte sie ihr Feedback zurücknehmen, es sei ja „nun schon gesagt". Ich interveniere mit dem Hinweis, dass es eben um diese direkte Bedürfnis- und Erwartungsklärung ginge. Auch der Nachrichtenchef ist verblüfft ob der Informationen, trifft doch dieser Punkt ein wesentliches Element des erörterten Zeitungsprofils: dem Leser Analysen in die Tiefe anzubieten.

Diese Momentaufnahme ist eine Allegorie für die Notwendigkeit des direkten Austauschs. Sie ist auch eine Versinnbildlichung für den Bedarf, sich die Prämissen des Handelns bewusst zu machen und zu hinterfragen.

Allerdings bedarf es gemeinhin des startenden Inputs des „Verantwortungsträgers" für diese Schritte, ist doch der Erlaubnisrahmen von maßgeblicher Bedeutung.

Episode 6 Augenblicklich ist die Leitungsfunktion des Lokalen vakant. Der stellvertretende Lokalchef dominiert allerdings seit Jahren durch inhaltliche Expertise, allerdings auch durch eine gruppendynamisch bedeutende Position. Wie soll sich hier ein neuer Lokalchef positionieren? Mehrere kamen und gingen auch wieder in den letzten Jahren.

Das Angebot, aufgrund von sozialer und inhaltlicher Kompetenz die Führung zu übernehmen, lehnt der stellvertretende Lokalchef ab. Diese Verantwortung wolle er nicht tragen, ihm reiche seine inhaltliche Tätigkeit, nach Repräsentativem stehe ihm nicht der Sinn.

5.2 Verlauf – neun Episoden

Die Situation ist ungeklärt und angespannt – der Chefredakteur ist verärgert und auch verunsichert über eine Situation, in der er den Mann einerseits wegen seiner Qualifikation halten, fördern und entwickeln möchte und andererseits ob der sublim wirkenden Machtausübung zu konfrontieren gedenkt. Er begleitet den Teamentwicklungsprozess in Stellvertretung des Lokalchefs.

Die Dynamik der Teamentwicklung ist wirkungsvoll: Das Team arbeitet äußerst engagiert mit dem führenden Part des Stellvertreters. Es ist dann ganz einfach: „Die neue kulturelle Hypnose" heißt: „tabuisiertes Schweigen durch Aussprechen ersetzen".

Im Feedback-Prinzip entsteht ein kooperatives Miteinander: Das Team kennt die Dynamik ohnehin. Der Chefredakteur ist froh, aus seinem Herzen keine Mördergrube mehr machen zu müssen, und der Stellvertreter scheint auch unterstützt aufgrund der Transparenz. Und ist im besten Sinne aufgefordert, seine innere Haltung zu klären und zu verantworten.

Der Chefredakteur terminiert ein weiteres Gespräch.

▶ Transparenz und „Tabulosigkeit" sind bedeutende Entwicklungsmerkmale einer Verantwortungskultur.

Episode 7 Die Workshops mit den „Blattmachern" und den Redaktionen zeigen Wirkung:
Interesse, Neugier und Verunsicherung sind spürbar.

Nun startet der Verleger mit seinem Führungsteam. 20 Menschen, die das gesamte Unternehmen steuern. Wir sind wieder in Bad Bederkesa.

Der Workshop startet mit einer Selbsteinschätzung der eigenen Leistungsfähigkeit innerhalb des eigenen Bereichs und der Schnittstellen hin zu den anderen Bereichen. Die Atmosphäre ist aufgeschlossen, teilweise skeptisch angespannt.

Jeder Bereichsverantwortliche, einschließlich der Geschäftsführer und dem Unternehmer, erstellt ein großes Bild, auf dem sie die Situationen anhand einer Skalierung von 0 bis 10 – gemäß ihrer subjektiven Bewertung – analysieren und dies mit einem Stärken und Schwächen-Profil verbinden: mein Bereich und die für mich notwendigen Schnittstellen.

Eine Gesamtdarstellung der Aufgaben des eigenen Bereichs schließt diese Arbeitsaufgabe ab.

Die Präsentation ist als „großer Status quo" der Organisation gedacht. Konzentration und gespannte Aufmerksamkeit dominieren den Raum. Jenseits von Schuld und Anklage-Reflexen gilt es, der subjektiven Bewertung zuzuhören und sich der Begründungen zuwenden.

Verstehen ist indiziert, das „Einverstandensein" steht augenblicklich an zweiter Stelle. Hier begegnen sich Menschen, die teilweise seit 20 Jahren oder länger miteinander arbeiten.

Am Ende des ersten Tages ist das einhellige Credo:

1. „Ich weiß nun erstaunlicherweise bei vielen Bereichen zum ersten Mal, was dort wirklich geleistet wird, respektive welche Aufgaben dieser umfasst."
2. „Ich habe ein Verständnis vom Leistungs-Status-quo des Bereichs, seinen Stärken und Schwächen, seinen Bedürfnissen, Erfolgs- und Misserfolgsfaktoren."
3. „Ich höre und verstehe die Bedürfnisse zu meiner Schnittstelle, verstehe, welches Tun unterstützend, welches störend ankommt und was dem Bereich aus seinem Blickwinkel von uns fehlt."
4. „Das löst bei mir schon einen sich unterstützt fühlenden Zustand aus, dass auch ich die Gelegenheit habe, meine Position detailliert erläutern zu können – mit der Gewähr, dass mir zugehört wird und dass ich verstanden werde.

Eine Plattform der Vernetzung entsteht, in einem Raum, der getragen ist von gemeinsamer unternehmerischer Verantwortung. Die Erlaubnis ist gewachsen, sich selbst zu verantworten.

Dies ist die Grundlage für den nächsten Tag. In vernetzten Kleingruppen entsteht ein Bedürfnis- und Erwartungsmanagement, das auch Konfliktmanagement miteinschließt. Konkrete Vereinbarungen sind das Ergebnis – moderiert werden die Gruppen von einzelnen Bereichsleitern.

Episode 8 „Angst und Widerstand" oder die Ausdauer des Langstreckenläufers

Ausdauer und Beharrlichkeit – diese Eigenschaften, gepaart mit einer sinnlichen Leidenschaft für die Sinnhaftigkeit des eigenen Tuns, sind sicher für die Führung eines Veränderungsprozesses unumgänglich.

Gibt es überhaupt Widerstand? Ist Widerstand nicht nur eine Umschreibung für ein Verhalten eines anderen Menschen, der signalisiert, unseren Intentionen nicht folgen zu wollen? Also ist „Widerstand" eine hochmütige Bewertung eines Verhaltens, das wir uns anders wünschten, und bringt uns in die Lage, recht zu haben und den anderen in den Status des Widerspenstigen zu versetzen. Geben wir diese Prämisse auf oder machen wir sie uns wenigstens in ihrer Fragwürdigkeit bewusst, können wir anders und ebenbürtiger mit den uns umgebenden Menschen umgehen.

Der Personalleiter formuliert starke Bedenken, inwieweit er berechtigt ist, seine Erwartungen so klar und eindeutig" vor allen Bereichsleitern zu formulieren. Bis dato hätte er „Wünsche formuliert", und dann hätte es in der Verantwortung des anderen Bereichsleiters gelegen, ob diese umgesetzt worden wäre oder nicht. Die „neue Prämisse", Verantwortung so zu definieren, dass ich selbst – aufgrund der

5.2 Verlauf – neun Episoden

Leistungsnotwendigkeit für meinen Bereich – für die Umsetzung zuständig bin, führt eben zu „Widerstand" bei dem langjährigen Personalleiter. Dieser zeichnet sich ansonsten durch seine kooperative Sensibilität und Nachgiebigkeit aus – also Ausgleich als Charakteristikum seiner Person und Rolle als Personalleiter.

Und selbstverständlich, so eine alternative Interpretation zu „Widerstand", ist dieses Verhalten geradezu seismographisch für den stattfindenden Veränderungsprozess: Ist es erlaubt und bin ich berechtigt, mit meinen Bedürfnissen so klar in die Auseinandersetzung zu gehen, wenn dies dem Wohl meines Bereichs dient?

War doch diese Haltung innerhalb der Organisationskultur nur wenigen „Königen" vorbehalten, und im Zweifelsfall war es tabu, dies auszusprechen. Also ist das Verhalten des Personalleiters eine willkommene Situation, „metakognitiv" eben diesen Vorgang zu thematisieren. Der Unternehmer nutzt diesen Moment, um die „Prämissen-Architektur" nochmals auseinanderzusetzen, zu bestätigen und allfällige Bedenken und Hinweise aufzugreifen. Spiegeln diese doch nur die „Navigation" in der Vergangenheit (und auch Gegenwart), bis die neuen Verhaltensweisen wiederum zu Gewissheiten geworden sind – und wiederum hinterfragt gehören.

Also Dank und Respekt dem Personalleiter!

Episode 9 Der Workshop endet mit der Aufgabe, einen konkreten „Master-Plan" der Veränderung zu konstruieren: Das heißt, jeder Bereichsleiter formuliert aus der eigenen Bereichsperspektive seine Erwartungen an sich und seinen Bereich und entwickelt daraus konkrete, überprüfbare Aufgaben. Es entstehen aus den Erwartungen an die anderen Bereiche gut verhandelte Aufgaben, die zusammengetragen werden innerhalb des Masterplans.

So entwickeln sich größtmögliche Transparenz und Vernetzung innerhalb und zwischen den Bereichen. Gleichzeitig ist das Ganze ein sich immer wieder erneuernder, disziplinierter Akt der Selbstverpflichtung – gleich einem fest installierten „Anti-Virus-System" gegen die tradierten Bereichsegoismen. Der jetzt initiierte Prozess fördert den „verantwortlichen Egoismus". Was bedeutet, ich setze mich als Bereich für meine legitimen Interessen ein, für mich und uns und nicht gegen die anderen – zum sinnvollen Wohle des gesamten Unternehmens.

Für den einzelnen Mitarbeiter provoziert dieser Prozess eine massive Auseinandersetzung mit sich selbst: Wie viel Verantwortung übernehme ich für mich? Für die Wirkung meines Verhaltens? Für die Resultate meiner Arbeit? Für meine innere Navigation sprich meine Gefühle von „Mut und Unmut"?

Nach der Veranstaltung ist ein Transfertag geplant zur Präsentation des gesamten Masterplans. Der Unternehmer ist gespannt. Das Echo der Mitarbeiter auf den Workshop ist durchweg positiv. Von Ermutigung und Wertschätzung, die empfunden wurden, ist die Rede. Ein starker Impuls der Veränderung wurde durch die Initiative des Unternehmers gesetzt. Jetzt gilt es, den neuen Rahmen durch Führungshandeln zu installieren.

Der Tag gerät zur zehrenden Veranstaltung. Der Masterplan wird von Repräsentanten vorgetragen. Der Unternehmer wird ungeduldig, ist zeitweise auch enttäuscht.

Was ist passiert?
Eine Analyse der Bereichsleiter in eigener Sache kommt zu den gleichen Ergebnissen, zu denen auch der Unternehmer gekommen ist: Energielosigkeit und Verantwortungs-Delegation als Misserfolgsfaktoren.

Die Mitarbeiter machen uns für das Tagesergebnis verantwortlich: Wir hätten nicht klar genug geäußert, was genau ihre Aufgabe wäre. Als Folge davon setzen wir einen zweiten Transfertag an.

Die Aufgabe lautet: Jeder Bereichsleiter stellt seinen Teil des Master-Plans einschließlich aller Schnittstellen vor. Im Vorfeld der Veranstaltung kommt es zu zahlreichen Treffen der Bereichsleiter, die der Chefredakteur Jost Lübben moderiert.

Der Transfertag gerät zur kraftvollen Veranstaltung. Jeder Bereichsleiter nutzt die „Bühne", seine Punkte zu artikulieren und noch viel mehr seine Verantwortung und damit Leidenschaft deutlich zu machen. Einige Bereichsleiter beginnen, von sich aus den Prozess zu reflektieren und von sich, ihren Ängsten, Hoffnungen und Erfahrungen zu erzählen. „Ich habe jetzt zum ersten Mal die Erfahrung gemacht, wie es ist, mir die Berechtigung zu geben, meine Anliegen klar und deutlich zu formulieren. Bis dato kam ich mir vor wie einer, der gleich einem Betrunkenen den Scheinwerfern der anderen folgt", reflektiert ein Bereichsleiter sichtlich berührt über den Wandel seiner inneren Haltung.

Dieser Prozess war anscheinend für den Weg eines kollektiven Wandels der inneren Haltung einer ganzen Führungsebene unabdingbar. Konstituiert sich diese doch in einer Entwicklung des einzelnen Menschen.

Führung bedeutet auch hier, diesen Entwicklungsraum bewusst zu öffnen. Neben der konsequenten Einhaltung der inhaltlichen Aspekte des Masterplans führt dies zu einer erhöhten Selbststeuerung der Führungsebene vor dem Hintergrund einer gemeinsamen Unternehmensvision.

Diese Episoden bildeten nun die Brücke für Interviews mit den verschiedensten Protagonisten des Veränderungsprozesses.

So ist es möglich, neben der Darstellung unterschiedlicher Blickwinkel, die Prämissen dieses Buches zu überprüfen und widersprechende Wahrheiten aufzuzeigen. Das Kaleidoskop von Führen, Handeln und Verantworten wird vervollkommnet.

Zusammenfassung
Der Unternehmer möchte seinen Betrieb, einen Verlag, verändern. Vor noch nicht allzu langer Zeit hat er die Führung des Unternehmens übernommen. Ein Berater wird hinzugezogen, um ein Design des Prozesses zu entwerfen und diesen dann auch anzuleiten. In der ersten Phase rückt die Auseinandersetzung, der innere Prozess mit der eigenen Person des Unternehmers ins Zentrum. Er erfährt, was es heißt, einen großen Betrieb in einer Kultur der Verantwortung zu leiten. Es treten Fragen in den Fokus wie: Wie gestalten sich die Kooperationsprozesse innerhalb der Bereiche? Wie transparent sind Entscheidungsprozesse? Wie ist das Konfliktmanagement? Es wird aufgezeigt, wie sich ein Selbstverständnis entwickeln kann bezüglich Verantwortung, Vernetzung und Führung. Eindrücklich ist wiederum der Vorbildcharakter der Führungsperson. Der Berater arbeitet mit den Instrumenten des Workshops, des Einzelcoachings und der Teamentwicklung.

Die neun Episoden zeigen eindrücklich, wie der Veränderungsprozess gelingen kann:

durch Initiative der Führung, Bereitschaft einander Feedback zu geben und anzunehmen und darauf aufbauend die Zusammenarbeit zu optimieren und neue Projekte an die Hand zu nehmen.

5.3 Interviews

Interview mit Dr. Jost Lübben (JL)
Seit 2005 Chefredakteur bei der NORDSEE-ZEITUNG
Alexander Höhn (AH): Die gesamte Medienbranche ist aufgrund der Digitalisierung unter Druck. Ich habe gehört, dass die NORDSEE-ZEITUNG zu den privilegierten Zeitungen gehört und es euch als regionalem Anbieter noch gut geht, im Gegensatz zu den national Agierenden. Vor diesem wirtschaftlichen Hintergrund agiert das Unternehmen NORDSEE-ZEITUNG, gestaltet einen inhaltlichen und kulturellen Veränderungsprozess.

Welche Erfolgs- bzw. Misserfolgsfaktoren prägen die historisch wahr genommene Organisationskultur, hinsichtlich der Kooperation und Führung in diesem Unternehmen?

Dr. Jost Lübben (JL): Ich bin 1984 in das Unternehmen eingetreten und habe ein Volontariat absolviert für zwei Jahre, habe für eine kurze Zeit als Redakteur gearbeitet und bin dann ausgeschieden, habe danach Zivildienst gemacht und ein Studium aufgenommen. Ich bin dann im Laufe des Studiums über eine Teilzeittätigkeit zurückgekehrt. Im Grunde arbeite ich seit Ende der 80er-Jahre kontinuierlich in den verschiedensten Positionen in diesem Unternehmen, ausschließlich im redaktionellen Bereich.

Wenn ich auf die damalige Kultur schaue, erinnere ich mich an eine extrem hierarchische Kultur. Es gab den damaligen Verleger, den heutigen Herausgeber, Dr. Joachim Ditzen-Blanke, als eine Art Überfigur, die im positiven Sinne gerne als Clark Gable in der Erscheinung bezeichnet wurde. So sah er damals auch aus, souverän im Auftreten, körperlich groß in der Erscheinung, eloquent, dominant, sodass niemand mit ihm so richtig zu tun haben wollte und alle immer froh waren, wenn sie ihm aus dem Weg gehen konnten. In meinem redaktionellen Alltag als kleiner Redakteur hatte ich kaum mit ihm Kontakt, es sei denn, er betrat einmal überraschend den Raum, guckte herum, fragte, warum das Licht brennt, machte das Licht aus und sprach von Verschwendung, oder er rief überraschend an, meldete sich nicht mit Namen und erwartete immer, dass diejenigen, die ans Telefon gingen, sofort wussten, wer er an der Strippe war, und ihn entsprechend begrüßten. Das war ein punktuelles Auftreten. Das Ganze passierte in einem gut funktionierenden Geschäftsmodell. Regionalzeitungen waren sehr stabil in der Auflage. Es gab Ansätze von Privatfernsehen, aber eine echte Konkurrenz war das nicht. So haben die Redakteure ihre Arbeit gemacht, ihre Zeitung im Wesentlichen so fortgeführt wie in den Jahrzehnten zuvor. Die Arbeitsweisen waren gleich, und nach meinem Empfinden war der Bereich der Redaktion ein abgeschlossener Bereich, in den der Herausgeber und Verleger ab und zu reinfunkte.

Die Chefredakteure kamen und gingen. Mancher war nur ganz kurz da, andere blieben länger. Warum die gingen, wusste man nie so genau. Ich erinnere mich an einen, der nur zwei Jahre da war und dann wieder verschwand. Es gab einen sehr renommierten Chefredakteur, der bis Anfang der 80er-Jahre in Amt und Würden war, der sehr eng mit dem Verleger verbunden war. Gewisse Veränderungen im Produkt fanden Anfang der 90er-Jahre statt. Den Sinn dahinter hat meiner Meinung nach ein Großteil der Redaktion gar nicht verstanden, weil er nicht vermittelt wurde. Das war die Kultur.

AH: Es gab sozusagen eherne Abläufe, und erst einmal haben sich alle darauf verlassen, dass diese so bleiben. Intern gesehen hatte jeder Einzelne also einfach den Auftrag, seine Arbeit bestmöglich zu erledigen und sich darüber hinaus keine Gedanken zu machen?

5.3 Interviews

JL: Es war zu einem großen Stück auch Entlastung für viele Leute. Wir mussten uns keine Gedanken machen. Ich kannte von damals den Begriff „Ditzens beschützende Werkstätten". Aus der heutigen Perspektive ist daran viel Wahrheit. Der Verleger kümmerte sich um uns, wenn wir alle unsere Arbeit machen, dann sorgt er schon dafür, dass es uns einigermaßen gut geht. Was auch stimmte, weil hier immer tariflich gezahlt worden ist. Die NORDSEE-ZEITUNG als unternehmerischer Verbund hat in der Region zu den guten und angesehenen Arbeitgebern gehört, und alle die hier arbeiteten, haben – gemessen an der Region – ein sehr anständiges Gehalt verdient. Also gab es wenig Grund, sich allzu viele Gedanken über die Zukunft zu machen.

AH: Sondern eher zu hoffen, dass der Status quo erhalten bleibt?

JL: Und sich daran nichts ändert. Solange keine elementaren Krisen von außen auftraten, gab es dazu auch keinen Anlass für viele.

AH: Widersprüchlich könnten wir aus der Perspektive 2012 sagen: Wozu soll sich das eigentlich ändern?

JL: So eine Situation hat etwas wie Mehltau. Wenn ich ein Unternehmen mit einem Organismus vergleiche, dann verliert das irgendwie Lebendigkeit. Diejenigen, die in dieser Institution Entwicklung möchten, eigene Ideen und Kreativität entwickeln, Anregungen zu Veränderungen geben, haben wenige Möglichkeiten dazu, weil das gar nicht verlangt wird. Was zum einen nicht von der Spitze des Unternehmens, dem Verleger und Herausgeber gefordert wird, ist zum anderen in der Konsequenz eben auch bei den Führungskräften nicht angesagt, die sagen, bevor ich mit einer Idee da oben hingehe und die sagen, geh mal wieder, lasse ich es lieber.

Ich weiß aus meiner eigenen Erfahrung Anfang der 90er-Jahre, dass ich mit Ideen, die ich von außen, von Workshops und Netzwerken mitbrachte, z. B. uns einzustellen auf den digitalen Markt, beim damaligen Chefredakteur gegen die Wand gelaufen bin. Ich habe Vorschläge gemacht, SMS-Nachrichten einzurichten, und versuchte zu begründen, warum. Das ist aber nicht verfolgt worden. Eingeführt habe ich die, als ich selbst Chefredakteur wurde.

Vorher lag das brach. Ich glaube, ein Grund dafür war, dass die Veränderung in dieser klaren Organisation für Unruhe gesorgt hätte. Unruhe war nicht gewollt und führte dazu, dass Leute, die sich entwickeln wollten, eben auch gegangen sind. Ich glaube, dass außerdem viele Gute resigniert und ihr Potenzial nicht ausgeschöpft haben. Damit das nicht passiert, musste sich etwas verändern.

AH: Wann bemerktest du die ersten Zeichen der Veränderung?

JL: Ich bemerkte im Jahr 2003/2004 die ersten Zeichen. Anfang der 00er-Jahre war es so, dass es einen kurzen Hype durch Stellenangebote gab, dann brach dies zusammen und die großen, überregionalen Titel verloren ihre Stellenmärkte, weil diese ins Internet abwanderten. Mit einer gewissen Verzögerung erreichte die Krise auch die Regionalzeitungen.

Nun wurde offenbar, dass dieses jahrzehntelang gepflegte Geschäftsmodell nicht mehr funktionieren wird, sondern es jetzt darum geht, Aktivität zu werden. Es war keine Leistung von journalistischer, unternehmerischer Kreativität, wenn man ein Foto, das standardmäßig dreispaltig gedruckt wurde, plötzlich vierspaltig druckte, und dies imposant fand. Es ging darum, Strategien und Lösungsansätze zu entwickeln. Dazu brauchte es Kreativität, Mut und Selbstvertrauen. In der Situation, in der dieses Unternehmen war, habe ich beobachtet, wie der damalige Chefredakteur, Bruder der Verlegerin, nun von der Verlegerin unter Druck gesetzt wurde, aus dem redaktionellen Bereich Lösungsansätze zu liefern. Es fehlten die Antworten. Gleichzeitig wurde der Prozess dadurch unterstützt, dass in dieser Zeit Matthias Ditzen-Blanke ins Unternehmen eintrat und anfing, zu bohren und unbequeme Fragen zu stellen. Da spürte ich, hier entwickelt sich ein Konflikt. Ich war zu dieser Zeit nicht Chefredakteur, war stellvertretender Lokalchef und wurde dann leitender Projektredakteur. Der Chefredakteur unterstützte die Etablierung eines Projektredakteurs, der die Neuausrichtung der Zeitung projektbezogen und im Bereich online vorantreiben sollte. Am 1. Januar 2005 bekam ich diese Position. Da wurde für mich klar, es ändert sich etwas, aber nicht durch Eigenantrieb, sondern über den Druck von der Unternehmensspitze und durch die Marktgegebenheiten.

AH: Das war der entscheidende Impuls für die Bewegung nach innen auf der inhaltlichen Ebene?

JL: Es gab mit Matthias Ditzen-Blanke jemanden, der neu im Unternehmen war, der das Ohr der Verleger hatte und von dem beide glaubten, dass er die Kompetenz hat und die Nachfolge antreten kann. Das war extrem wichtig. Somit waren es zwei Dinge, und es gab weitere Signale: der Druck vom Markt und das zunehmende Fragen von Matthias Ditzen-Blanke, der dann diese Tätigkeit übernommen hat.

Ich kam im Grunde genommen gar nicht so richtig dazu, das zu entwickeln, was ich entwickeln wollte, weil sich nun in der Redaktion und im Unternehmen eine ständig wachsende Unsicherheit ausbreitete, dadurch dass alle spürten, der Chefredakteur wird infrage gestellt.

Kurze Zeit später schied er aus und plötzlich entstand ein Vakuum. In dieser Situation rief mich die Verlegerin zu sich, bot mir die Position des Chefredakteurs an. Ich sollte mir über Nacht überlegen, ob ich dies annehmen will.

AH: Dieses Unternehmen zeichnet sich dadurch aus, notwendige Veränderungsprozesse zu initiieren:

Durch den Mut zu erkennen, dass wichtige Weichenstellungen notwendig sind. Mit der Verlegernachfolge hat man sehr verantwortlich dafür gesorgt, dass jemand ins Unternehmen kommt, der den Respekt aufbringt, das Tradierte zu würdigen und in einer wertschätzenden Radikalität die Prämissen zu hinterfragen.

JL: Eine erstaunliche Entwicklung, wann man bedenkt, dass das bedeutet, in diesem Fall ein Familienmitglied nicht nur aus einer Führungsverantwortung zu nehmen, sondern auch aus dem Unternehmen herauszunehmen. Das war etwas, was in dem Unternehmen lange nicht geglaubt wurde, es wurde das Vorurteil vertreten, Blut sei dicker als Wasser. Dieses unternehmerische Handeln hat mir imponiert, weil es eben Verantwortung gezeigt hat. Es hat gezeigt, dass die Verleger mit allem bereit waren zu brechen, um das Unternehmen für die Zukunft einzustellen.

AH: Deutlich wird, dass es jenseits des kulturellen Wandels ein unternehmerisches Handeln gibt, das sich durch eine hohe Identifikation mit dem Unternehmen auszeichnet und aufgrund dieser übergeordneten Prämisse zu Entscheidungen in der Lage ist über die individuellen Prämissen hinaus, und das das Unternehmen im Blick hat.

JL: Am Ende zeichnet sich ein sehr verantwortungsvoller Unternehmer dadurch aus, dass er sogar bereit ist, Entscheidungen auch gegen seine Familie zu treffen, weil es nicht darum geht, in einem mittelständischen Unternehmen viele Familienangehörige unterzubringen, so wie man das beobachten kann, auch in der Verlagsbranche. Diese Unternehmen scheitern auch, weil sie nicht immer die richtigen Leute in den Positionen haben, um den Herausforderungen des Marktes zu begegnen.

AH: Es ist Ende 2012. Wie schätzt du die Situation des Unternehmens in kultureller Hinsicht ein, wo steht das Unternehmen?

JL: Im Vergleich zu 2005? Ich finde, dass das Unternehmen sich in weiten Teilen anders darstellt als 2005, weil ein Prozess eingesetzt hat, der maßgeblich von Matthias Ditzen-Blanke befördert wurde, die leitenden Mitarbeiter und alle anderen Mitarbeiter in mehr Eigenverantwortung für ihr Tun zu bringen. Zum Teil ist das durch Impulse, gemeinsames Arbeiten, durch Workshops mit dir vorangetrieben worden, das ist ein wichtiger Baustein. Es war auch dadurch möglich, dass sozusagen ein Deckel angehoben wurde, dass diejenigen, die ihre Kreativität lange nicht ausleben konnten, nun die Möglichkeit hatten, sich zu entfalten, Fragen zu stellen, Vorschläge zu machen, auch kritisch zu sein. Das ist meiner Meinung nach ein langwieriger Prozess, weil es zunächst einmal ein erhebliches Misstrauen gibt, ob das möglich scheint, auch ehrlich gemeint ist und man das auch tun kann, ohne dafür hinterher gemaßregelt zu werden. Oder dass das nur etwas ist, um die

Menschen auf die Spur zu bringen, mit dem Ziel, die Leistung zu optimieren. Oder ist es tatsächlich ein Wandel in den Werten, die vermittelt werden? Nach meinem Empfinden ist es so, dass das bei einigen, speziell bei den Führungskräften, angekommen ist, dass sie diesen Wandel empfinden und versuchen ihn zu leben. Er ist längst noch nicht bei allen angekommen. Es sind noch einige Mitarbeiter da, die da große Fragezeichen haben und bei denen die Optionen „denkt selbst, übernehmt Verantwortung, stellt euch zur Diskussion, sucht die Konflikte" zu Verunsicherung führen. Es führt zu Verunsicherung, weil etwas fehlt, was früher lange Zeit von einer Person vorgegeben wurde, „macht euch keine Gedanken, ich als Verleger kümmere mich darum, was passiert". Nun gibt es eine neue Situation, es gibt keinen Verleger mehr, der von sich behauptet, Antworten auf alle Fragen zu haben. Wenn man das betrachtet, ist das auch ehrlich, schließlich gibt es niemanden, der alles weiß. Es geht eben auch darum, mehr Verantwortung zu übernehmen, sich seiner selbst bewusst zu sein und diesen Weg selbst zu gehen. Insofern hat dieses Thema zwei Seiten einer Medaille, es ist auf der einen Seite eine viel größere Freiheit möglich. Diese Freiheit bedeutet auch, viel mehr Verantwortung für sich selbst, für Mitarbeiter zu übernehmen. Das ist auch eine Last, mit der nicht alle zurechtkommen. Ich spüre, dass der eine oder andere den alten Zeiten nachtrauert, wo jeder noch genau wusste, wo er hingehört und was er zu tun und zu lassen hat. Für mich kann ich sagen, dass das etwas unglaublich Befreiendes hat. Ich empfinde es als einen enormen Wert und habe großes Vertrauen in die Zukunft, in meine Leistungsfähigkeit, in die unseres Unternehmens. Deswegen habe ich auch keine Angst vor den Herausforderungen und empfinde es als wunderbar, als Chefredakteur jetzt arbeiten zu können. Das ist der große Unterschied zu früher, als alle Zeitungen und die Auflageentwicklung mehr oder weniger gleich waren. Da konnte man nicht sagen, ob die Arbeit wirklich gut ist oder nicht, weil das nicht zu messen war. Sich heute in einer völlig anderen Situation behaupten zu müssen, strategisch Dinge zu entwickeln, die Redaktionen auszurichten und mit den Menschen zu arbeiten, ist viel mehr als das, was man früher als Chefredakteur zu leisten hatte. Das beflügelt mich mehr, als dass es mich ängstigt.

Aussagen aus den Interviews mit

Ralf Davids (RD)
Leiter Controlling bei der NORDSEE-ZEITUNG und der Unternehmensgruppe, seit 1988 im Unternehmen

Sascha Glackemeyer (SG)
IT-Leiter, seit 1999 im Unternehmen

Christian Döscher (CD)

5.3 Interviews

Leiter Landkreisredaktion, seit 1997 im Unternehmen

Christoph Willenbrink (CW)
Stellvertretender Chefredakteur, seit 1999 im Unternehmen

Wie lässt sich die Kultur der Vergangenheit beschreiben?
Ralf Davids (RD): Beispielsweise wurde mit Objekten ins Rennen gegangen, die schon von der Planung her negative Deckungsbeiträge ausgewiesen hatten und trotzdem realisiert wurden. Da sagte man sich: „Der wird schon wissen, was er macht." Es war damals schwierig nachvollziehbar, dass man sich dies leistet.

Man hatte aber nicht die Widerworte, man hat sich nicht herausgenommen, zu sagen, dass man jetzt nichts machen würde"

Sascha Glackemeyer (SG): Entscheidungen wurden von oben nach unten gefällt. Im Grunde konnte man nicht an den Entscheidungen mitwirken, man war Befehlsempfänger und sollte das ausführen. Darum wurde auch nicht erklärt, warum es so ist und so auch sein soll. Was wiederum bedeutet, dass die Identifikation damit auch sehr schwerfällt – und ein Stück weit war das auch einfach. Ich musste für nichts Verantwortung übernehmen, es tut ja jemand für mich. Wenn etwas nicht richtig läuft, ist das gleich, der andere hat ja Schuld. Ich konnte nicht gestalten bzw. richtig Einfluss nehmen. Ich stand schon vor der Entscheidung, ob ich das so weitermachen will oder nicht.

Wenn die alte Geschäftsführung geblieben wäre, wäre ich sicher nicht mehr in diesem Unternehmen.

Im Endeffekt hatte man ein Stück innerlich gekündigt und gab Verantwortung ab.

Noch vor zwei/drei Jahren – als wir in Runden mit den Bereichsleitern und Geschäftsführern zusammensaßen – ging es nicht darum, zusammen das beste Ergebnis zu erzielen. Es ging darum, gut dazustehen, keinem auf die Füße zu treten, und eigentlich war alles gut, obwohl es nicht gut war.

Christian Döscher (CD): Früher waren die Hierarchien ganz klar, der Chefredakteur achtete ganz klar auf Hierarchien. Wenn z. B. ein Bericht von mir aus seiner Sicht nicht in Ordnung war, hat er mich nie direkt angesprochen, das ging immer über den Ressortleiter, es wurde nie direkt kommuniziert.

Ich war damals in der Politikredaktion und ein im Landkreis lebender Mensch. Ich kann mich erinnern, dass der Landkreis etwas stiefmütterlich behandelt wurde, und es gab Aussagen aus dem Kollegenkreis: „Was will der denn aus der Politikredaktion?". Das war der Fall, wenn ich Partei ergriffen hatte für Landkreisinteressen.

Christoph Willenbrink (CW): Kritik durfte nicht vor Publikum stattfinden. Man konnte das Beigespräch führen, da konnte man das dann ggf. auch anbringen. Aber es war nicht gewiss, ob das irgendwelche Folgen, im positiven oder negativen

Sinne, zeichnete. Das ist natürlich eine absolute Bremse. Was dieses Unternehmen auch ausgezeichnet hat, war eine Form von „Ich-tu-dir-nicht-weh"-Kultur, also das Nichtvorhandensein einer Streitkultur. Hier wurde Streit als schlimm und unerträglich empfunden, nicht als Triebfeder, etwas besser zu machen.

Wie gestaltet sich die Gegenwart?
RD: Das bedingt eben auch, dass man alle Mitarbeiter gewinnen muss, diese Veränderung in das Unternehmen reinzutragen. Es nützt nichts, wie der Herrscher die Marschrichtung vorzugeben. Ich brauche die Führungsebene, die die Veränderung auch in die Mitarbeiterschaft führt, und genauso die Mitarbeiter, die dies mit leben können.

Mein eigenes Tun zu hinterfragen – das ist ja das Entscheidende.

Die Mitarbeiter meines Bereichs müssen die Belange immer wieder neu reflektieren. Das ist eben nicht eine Sache der Führungskraft alleine, sondern eine Sache des gesamten Teams. Für mich ist Feedback eine ganz wichtige Komponente geworden. Sowohl zum Verleger als auch für mich selbst. Ich benötige das Feedback nicht über Drittpersonen, sondern im direkten Austausch. Das ist eine Sache, die sich im Unternehmen zunehmend entwickelt hat, und auf jeden Fall haben wir da einen Schritt nach vorne gemacht.

Feedback und Kritikfähigkeit waren für mich selbst als Persönlichkeit spannend, weil ich dachte, Feedback ist negativ behaftet. Das habe ich für mich mitgenommen, Feedback direkt zu geben und Kritik zu formulieren, eine Erwartungshaltung zu artikulieren. All dieses hat sich bei uns entwickelt. Der Prozess ist aber noch nicht abgeschlossen.

Natürlich gibt es Reglementierung, wenn eine Sache nicht so läuft, wie sich das der Verleger vorstellt, dann muss man zurückgerufen werden. Das nicht als persönliche Niederlage zu sehen, ist auch wichtig. Wie gehe ich damit um? Das ist die Erkenntnis, die ich im Zuge unserer Entwicklung mitgenommen habe, dies nicht als Niederlage, sondern als Blick auf die Sache zu sehen, sachlich/fachlich nenne ich es mal, nicht zu emotional.

Ich persönlich und die Kollegen sehen immer mehr mit der Unternehmerbrille.
SG: Ich habe eine Meinung und man kann sich darüber streiten, ja! Da ist ein ganz anderes Bewusstsein und Selbstbewusstsein entstanden.

Ich hatte im letzten Jahr ein großes Projekt mit allen Verlagen, die zu unserer Gruppe gehören. Dabei haben wir kooperativ miteinander gearbeitet, das war ein schönes Projekt. Es gab auch sehr viel Feedback, weil es mir von Anfang an wichtig war, aus jeder Firma, jeder Abteilung jemanden dabei zu haben, der die Prozesse mitgestaltet. Ich weiß nicht, was jeder Einzelne wo tut, meine Mitarbeiter auch nicht. In vielen Workshops haben wir ganz viele Prozesse aufgebrochen, verändert, alte

5.3 Interviews

Zöpfe abgeschnitten. Da brauchte ich eben auch Mitarbeiter und Kollegen, die nicht an Dingen festhalten, die schon immer so waren, Kollegen, die Veränderungen mittragen und darüber streiten, warum wir das eigentlich tun. Das hat Spaß gemacht, da war die Kooperation. Das Feedback von den Mitarbeitern war, dass sie das gar nicht kannten, von Anfang an eingebunden zu werden. Die Mitarbeiter haben dabei auch über die normale Zeit hinaus in ihrer Freizeit, was in diesem Unternehmen normalerweise nicht üblich ist, ihre Leistungen erbracht. Das war sehr schön, da würde ich sagen, ja, da sind wir auf einem gemeinsamen guten Weg.

CD: Wir waren vor kurzem bei einem Empfang bei der Kreissparkasse anlässlich eines Jubiläums. Der Verleger, der Chefredakteur und ich standen dabei zu dritt da und diskutierten. Meine Vorgängerin kam dann dazu und war total erstaunt, dass jetzt Verleger, Chefredakteur und Ressortleiter zusammenstanden und miteinander sprachen. Das wurde früher nicht gelebt.

Wir haben jetzt eine Serie im Landkreis abgeschlossen. Dafür nutzen wir die Feedbacks der anderen Bereiche. Die Marketingleute genossen es, sich auch inhaltlich einzubringen. Das wäre früher undenkbar gewesen. Die Veränderung der Unternehmenskultur konnten wir in dieser kleinen Projektgruppe gut feststellen. Wir brachten uns alle ein, und die Mitarbeiter freuten sich darüber, sich übergreifend eingebracht zu haben.

Es sind ein Miteinander und mehr Verständnis füreinander, wenn ich auf die Führungsebene blicke.

Der Unterschied zu früher ist, dass ich Missstände ansprechen kann, ich Feedback dazu bekomme und ich es dem Chefredakteur abnehme, wenn er sagt: „Ich finde das gut, dass du das angesprochen hast." Früher hätte ich das gar nicht gewagt, geschweige denn hätte früher jemand zu mir gesagt: „Das finde ich gut, dass du das angesprochen hast."

CW: Die Entwicklung der Kultur ist für mich ein Teil des Veränderungsprozesses. Den machen wir ja nicht, weil wir uns um des Veränderns willen verändern wollen, die Parameter sind für uns klar: Wir werden nicht mehr Mitarbeiter haben, müssen gleichzeitig mehr und anders präsentierte Inhalte produzieren können, das auf verschiedenen Kanälen.

Dies muss auch mit einer Mannschaft gelingen, die teilweise 20/25 Jahre im Haus ist die aus einer reinen „Printdenke" kommt und sich für die digitale Welt bereit machen muss. Das ist der Motor zu sagen, wir müssen uns verändern, nicht um des Änderns willen oder weil wir lieb und nett zueinander sein wollen. Das hat ganz klar mit ökonomischen Vorgaben zu tun.

Wenn ich auf unsere Redaktion und deren Führungskräfte schaue, hat sich eine gewaltige Bewegung ergeben. Es hat sich eine Form von Diskussions- und Streitkultur entwickelt, wo wir wissen, das geht verletzungsfrei, aber trotzdem mit harten Bandagen. Es ist zielgerichtet und bedarf keines politischen oder taktischen Denkens, es werden keine Koalitionen geschmiedet oder Ähnliches. Es ist die Kultur da, in der man gewinnen oder auch mal verlieren kann. Das ist auch in Ordnung so und funktioniert. Was immer hilft im Umgang mit den Kollegen, ist positives Feedback. Der Hunger danach ist nicht zu unterschätzen. Und es hilft insofern, dass beim nächsten Mal, wenn ich in einer Angelegenheit insistiere und Leistung einfordere, dass ich diese gute Leistung wiederbekomme. Die positive Verstärkung funktioniert teilweise, es ist das stete Wiederholen dessen, an die eigene Verantwortung zu erinnern.

Was waren die Phänomene im Veränderungsprozess?
CW: Wir hatten einen Wechsel in der Vergangenheit, als der damalige Chefredakteur gehen musste, der heutige Chefredakteur berufen worden ist und ich als Stellvertreter ernannt worden bin. Weil es ein zum einen sehr strenges und auf Angst basierendes Regiment und zum anderen eine große Unnahbarkeit des damaligen Chefredakteurs gegeben hat, haben wir ganz viel Luft für die Mannschaft reingegeben. Jeder sollte spüren, dass es eine Form von Freiheit gibt, die jeder für sich und das Produkt nutzen kann. Es gab da zwei Wellenbewegungen, die eine war, dass wir uns Freiheiten genommen haben, wo wir diese nicht brauchten, die andere war, dass die Freiheiten nicht genutzt wurden. Das hat auch dazu geführt, dass viele ihre Sicherheit – die gewohnten positiven wie negativen Verlässlichkeiten – verloren haben. Diese Kultur hat die Mitarbeiter zuvor in dieser Unverantwortung gelassen, gleichzeitig in einer Sicherheit, im Sinne von „ich brauch mir keine Gedanken machen; es gibt Dinge, die funktionieren, ob sie mir schmecken oder nicht". Das war für uns teilweise erschreckend zu sehen, wenn man hingeht und sagt: „Du hast hier die Möglichkeit, etwas zu tun", und dann festzustellen, niemand greift sich das.
AH: Welche Erklärungen hast du für dieses Phänomen?
CW: Normalerweise müsste es dann noch einen Reifungsprozess geben, man schwimmt sich frei und bewegt sich nach und nach auf Augenhöhe. Das hat in unserem Unternehmen nur wenig stattgefunden. Die Kollegen sind tief in diese Hauskultur sozialisiert. Dieser Mehltau lag auf allem drauf und hielt alles in einem mittelmäßigen Bereich. Diejenigen, die schon früher versucht hatten, dies zu verändern, sind entweder gegangen oder wurden gar nicht eingestellt. Es hat so eine Art Personalrekruting stattgefunden, wo nicht darauf geachtet wurde, gibt es spezielle Typen, besondere Fähigkeiten und ertrage ich auch, dass jemand etwas anders ist. Es wurde oft nach dem Prinzip gehandelt: „Wer ist noch da, wer ist verfügbar?" Das hat mich hier anfangs wahnsinnig gemacht. Ich dachte, wie können wir zu solchen Personalentscheidungen kommen, warum sitzt der jetzt

hier, warum behalten wir den? Gab es da die Angst, da könnte ja jemand dabei sein, der besser ist als ich oder mich infrage stellt?

AH: Spannend finde ich den Prozess, wenn man die Freiheit gibt, die Vorstellung, dies müsste doch auszufüllen sein, und dies auf der Ebene der inneren Haltung nicht ausgefüllt wird. Dazu braucht es anscheinend etwas?

CW: Die Freiheit zu geben und die Reaktion darauf waren eine Art Vorläufer im Kleinen, was wir danach als Relaunch-Prozess inhaltlich, organisatorisch und gestalterisch gemacht haben. Wir haben gesagt, wir müssen die Dinge, die wir vorher als Regulativ hatten, infrage stellen. Wir müssen die Kollegen, denen wir die Freiheit gegeben haben, einbinden und fragen: „Was ist denn das eigentlich, was für uns wichtig ist? Was engt uns nur ein? Was ist hilfreich?" Das war der erste Prozess, den wir gesetzt haben, allerdings nur in Teilen mit der gesamten Mannschaft, denn das bedarf eines Reifungsprozesses. Wir haben dafür eine Zielsetzung und Spielregeln formuliert, nicht nur in unserer Arbeitsgruppe, sondern auch unter Beteiligung der Mannschaft.

Wie ist die Perspektive?
RD: Alles, was das Internet dem Unternehmen gebracht hat, die Medienvielfalt, Informationen, die sehr schnell auf der ganzen Welt verbreitet werden, und dies zunehmend kostenlos, wirkt sich auf die wirtschaftliche Lage aus.

Wir kommen damit ins Hintertreffen, da wir uns über den Werbemarkt selbst finanzieren müssen. Wir befinden uns in diesem Wandel und müssen uns unserer Stärken bewusst werden, in der Weise, dass wir hier einen Lokalmarkt haben, der von keinem anderen so gut bedient werden kann wie von uns. Diesen Wandel vollziehen wir im Moment.

Früher lag die Entscheidungskompetenz nur bei einer Person. Die Mitarbeiter waren mehr die Zulieferer von Informationen, heute ist man eher der Partner. Man ist nicht nur Zahlenlieferant, sondern darf sich auch als kritischer Partner verstehen. Man möchte auch die Dinge verstehen, die der andere bewegt.

Die Flexibilität, die wir heute noch als besonders loben, wird für die kommende Generation schon eine Selbstverständlichkeit sein. Der Wandel wird sich auf die Arbeitszeiten und Arbeitszeitenmodelle auswirken, wer dies nicht schafft, wird es sehr schwer haben, auf dem Markt zu bestehen.

Wenn ich mich selbst daran beteiligen kann, habe ich auch Lust dazu. Die Voraussetzung, sich beteiligen zu dürfen, dass ich gehört werde, ist wichtig. Nur so wird sich eine funktionierende Unternehmenskultur entwickeln. Nicht jeder wird sich dort wiederfinden, dieser Illusion braucht man sich nicht hinzugeben. Je mehr Mitarbeiter ich in diese Richtung entwickle, desto mehr wird das ins Unternehmen getragen und desto mehr Mitstreiter hat man. Dann fangen auch andere Leute an, von denen man ursprünglich vielleicht dachte, dass sie nicht so aufgestellt und interessiert sind. Der Wohlfühlcharakter steigt.

CW: Der Veränderungszwang und die Suche nach den richtigen Antworten sind da. Wir können aber sagen, wir haben einen Zukunftsmarkt, der im Lokalen liegt. Unsere Aufgabe ist es, zu fragen, was die richtigen Antworten für den lokalen Markt sind. Das ist der Unterschied zu den großen Verlagen und den Medienhäusern in den USA, da es dort die klassische Dorf-/Stadtgemeinschaft nicht gibt, wo sich Menschen auch über das lokale Geschehen identifizieren können. Wir haben einen Markt, ja wir haben etwas zu bieten für unsere Kunden, die Frage ist: Über welche Kanäle spielen wir das, wie professionell und attraktiv machen wir das?

Das ist die Agenda für den Veränderungsprozess; wir wissen, das, was wir bisher gemacht haben, gut ist und über Jahrzehnte ausgereicht hat, um Kunden zu gewinnen und diese zu halten. Das war aber zu Zeiten, in denen es im Fernsehen drei Programme gab, irgendwann zehn Programme, aber keine anderen Informationskanäle. Heute reicht unser Angebot vorwiegend nur, um die Kunden zu halten, die wir haben. Wenn wir nichts ändern, erledigt sich unser Geschäft irgendwann biologisch. Wenn wir für Print eine Zukunft haben wollen, insgesamt für das Thema Information, da müssen wir schauen, wie wir uns weiter aufstellen können, d. h., wir dürfen nicht nur die Zeitung produzieren, nicht nur einen Onlineauftritt, haben, nicht nur Social Media bespielen, sondern wir müssen auch andere Geschäftsfelder finden.

Wenn ich auf das gesamte Unternehmen schaue und das Zusammenspiel der Führenden, hat sich dort eine ganze Menge getan. Was das Thema Teamentwicklung angeht, da war es gut und wichtig, was wir gemacht haben. Ob wir das am Ende alleine in diese Richtung bringen, dass wir dies nachhaltig umsetzen, das wage ich im Moment zu bezweifeln. Das hat damit zu tun, dass diejenigen, die es führen müssen, sich auf die Aufgabe des Führens im Alltag wegen hoher operativer Bedeutung nicht immer konzentrieren können. Es ist eher die Tendenz da, wir denken jetzt erst einmal gezielt an das nächste Tagesprodukt, weil es morgen in der Zeitung stehen muss.

Eine offene Konfliktkultur ist auf der Ebene der Redaktion etabliert, funktioniert allerdings nur teilweise mit der Gesamtmannschaft. Da ist das Vertrauen noch nicht da, dass man unverletzt aus einem Streit hervorgeht.

Interview Matthias Ditzen-Blanke (MD)
Geschäftsführer und Verleger der NORDSEE-ZEITUNG
Alexander Höhn (AH): Du bist schon geraume Zeit bei der NORDSEE-ZEITUNG.

Welche Erfolgs- bzw. Misserfolgsfaktoren prägen die historisch wahrgenommene Organisationskultur, hinsichtlich der Zusammenarbeit und Führung in diesem Unternehmen?

5.3 Interviews

Matthias Ditzen-Blanke (MD): Das Unternehmen habe ich bereits während des Studiums kennengelernt. Dabei habe ich auch kennengelernt, wie die Einstellung und die Sichtweisen im Unternehmen waren, dass das Unternehmen geprägt war von Status und Statussymbolen. Es wurde sehr darauf geachtet, über diese Symbole auch kenntlich zu machen, wer Führung für sich beansprucht. Das fing an bei der Größe des Telefons und des Schreibtischs, ging über die Armlehnen eines Bürostuhls usw.

Das augenfälligste Kennzeichen, welches ich wahrgenommen habe, war, dass Denken eigentlich nur seitens der Führungskräfte in Anspruch genommen wurde, im Sinne von:

„Wir Führungskräfte sind die Einzigen, die hier im Unternehmen denken dürfen. Was wir da denken, wird auch nicht offengelegt." Es war im Gesamtunternehmen eine maximale Intransparenz geschaffen und ein Sorgetragen dafür, dass diese Intransparenz immer gepflegt wird.

Geflügeltes Wort im Unternehmen war: „Der Doktor hat es so festgelegt, man will das so." Der Doktor stand für den Altverleger, der zu meiner Studienzeit seit fünf, sechs Jahren nicht mehr im operativen Geschäft im Unternehmen tätig war. Er hat eingestellt und sehr stark das Unternehmen geprägt, dass seine Wertschätzung die Orientierung war für das, was man machte. Das heißt nicht aus dem Inhaltlichen heraus, sondern sehr stark daran orientiert, ob ich dafür die Wertschätzung oder die Bestrafung seitens des Doktors bekomme. Das war weniger die Suche nach Wertschätzung, eher eine sehr starke Anpassung und angstgeprägt, damals bis in die Geschäftsführungsebene und Verlagsleitung hinein. Die Sorge dafür war da, möglichst ein positives Bild in Richtung des Altverlegers zu geben und darüber auch zu entschuldigen, warum bestimmte Dinge nicht gemacht worden sind. Oftmals fiel der Ausspruch: „Ich würde es ja eigentlich anders machen, habe auch eine klare Vorstellung und Idee davon, aber ich fasse das Thema lieber nicht an, es sei denn, es ist so gewünscht."

Am augenfälligsten war, dass Probleme nicht offen besprechbar waren. Ein Problem war gleich ein Anzeichen dafür, dass Bestrafung droht. Wenn man ein Problem angesprochen hat, war es nicht losgelöst von der Person, und man war gleich gefordert, das zu verteidigen, weil man sich damit gleichzeitig persönlich angegriffen und infrage gestellt fühlte. Es galt, dies maximal intransparent zu machen oder das Problem zu negieren.

Das war die schwerste Ausgangssituation, wenn es darum geht, Veränderung einzuleiten. Man schaut, wo sind wir gut unterwegs, wo sind die Stärken, wo sind die Schwächen und wie verändert sich der Markt? Wie kann ich mich durch die Veränderung und Verbesserung dessen, was ich heute mache, auf die Zukunft ausrichten?

Durch meine Ausbildung war ich in der Lage zu wissen, was zu machen ist. Aber ich habe sehr früh gemerkt, dass ich nicht alleine handeln und umsetzen kann. Die Grundstruktur des Unternehmens waren festgelegte Prozesse und Abläufe, historisch betrachtet war ein Zeitungsunternehmen ein Produktionsbetrieb.

In Produktionsunternehmen war die Maxime, das unterscheidet sie ja heute von Unternehmen, die kopf- und kreativgeprägt sind, Abweichungen im Produktionsprozess zu vermeiden und diesen qualitativ möglichst stabil zu halten. So agierte das gesamte Unternehmen, Abweichungen vermeiden, ein hohes Maß an Anpassung und Probleme, die nicht besprechbar waren. Das war der Status quo.

AH: Gab es einen langen Prozess, bis du zu diesen Erkenntnissen kamst? Du bist im Unternehmen eingetreten, hast beobachtet, mitgearbeitet, Rückschlüsse gezogen?

MD: Ich würde das in Phasen aufteilen:

In der ersten Phase ging es für mich darum, Historie wertzuschätzen und auch an mir selbst zu lernen, mit den Dingen umzugehen. Ich musste mich erst einmal selbst mit mir und meiner Wirkung in dem Führungsprozess auseinandersetzen. Der ausschlaggebende Punkt war, als ich mit Blick auf mich selbst verstanden habe, was Entwicklung bedeutet. Da habe ich auch angefangen, meine eigenen Erfahrungen für meine Kommunikation und meinen Umgang nutzbar zu machen, im Unternehmenskontext Impulse zu setzen und wiederum unseren Führungskräften die persönliche Entwicklungsmöglichkeit zu geben. Das wurde sehr anerkannt und geschätzt und war die Grundlage dafür, dass über die Sensibilisierung in Teilen unserer Führungskräfte eine gemeinsame Entwicklung ermöglicht war. Das Lernen im guten Bewusstsein und Blick auf sich selbst zu erlangen und Bewusstsein über die eigene Wirkung und Kommunikation und damit auch eine Grundlage zu schaffen in der Auseinandersetzung miteinander. Und die Erkenntnis zu haben, dass das ein Prozess ist, der nicht irgendwo anfängt und endet, sondern ein Prozess ist, der reift und fortschreibt.

AH: Das habe ich so verstanden: Die eine Phase war zu beginnen und wahrzunehmen und sich auszusetzen, allerdings im Bewusstsein, das Vorgefundene zu respektieren.

Dann kam die Erkenntnis, einmal sehr genau zu beobachten, durch Workshops und die praktische Arbeit, die du gemacht hast, die Wahrnehmungsfähigkeit für dich selbst und die Wirkung der kulturellen Prozesse an dir selbst zu erhöhen. Und daraus der Rückschluss, dass diese Selbstwahrnehmungskompetenz auch bei anderen Mitarbeitern vonnöten ist, um überhaupt einen Veränderungsprozess innerhalb der Organisation auf einer inhaltlichen und kulturellen Ebene zu initiieren.

5.3 Interviews

MD: Dabei sind zwei Dinge herauszuheben: Dabei habe ich immer dieses Bild gehabt, Masse, Bewegung und Kraft: Daran kann ich schieben und mich anstrengen, so viel ich will, wenn die Rädchen sich nicht drehen, dann ist es vergebene Mühe. Wenn sich die Rädchen drehen, wirkt ein Impuls mehr. Die zweite Sache ist zu erkennen, wie die Beziehungsebene, letztendlich auch die Unternehmenskultur, für die Produktivität im Unternehmen verantwortlich ist und wie sehr die Sache. Daraufhin hat sich auch meine Arbeit weitgehend geändert und ermöglicht mir heute eine stärkere Inhaltsorientierung als vor sechs Jahren, weil ich zu der Zeit noch stärker an Themen der Beziehungsebene und der Führungsthemen gearbeitet habe.

AH: Durch diesen Entwicklungsprozess ist es dir gelungen, dir den Blick auf die Sachebene heute wesentlich freier zu machen, weil du in der Lage bist, die Themen auf der Beziehungsebene wahrzunehmen, anzusprechen und zum Thema zu machen. Verstehe ich das so richtig?

MD: Genau, und das natürlich auch weitestgehend in der Zeit in einer Art Sandwich-Position. Es gab immer noch Teile der alten Führungsmannschaft und des alten Verständnisses im Unternehmen. Ich musste in meiner Verantwortung quasi auf beiden Seiten arbeiten. Nämlich auf der einen Seite mir selbst den Freiraum schaffend, Intervention ins Unternehmen minimierend, versachlichend, moderierend zu wirken und in Richtung der Führungskräfte ermutigend. Dem Grundthema „ich darf Probleme ansprechen" Raum zu geben und das auch zu schützen und nicht zuzulassen, dass die alte Führungsstruktur durchgreift, maßregelt oder abwertet. Es war früher gang und gäbe, wenn etwas angesprochen wurde, dass der mögliche Verursacher nicht gefragt wurde, wo das Problem ist oder wie er an das Thema herangehen möchte, sondern er mit „stellen Sie das ab, was fällt Ihnen ein" konfrontiert wurde. Da hat geholfen, dass auch die Einsicht da war, sich diesen Raum zu geben, damit Veränderung stattfinden kann.

AH: Das ist bereits die Phase des bewusst gesteuerten Veränderungsprozesses, d. h., jetzt beginnt ein spannender Balanceakt: einerseits ein Respektieren dessen, was ist, gleichzeitig der Prozess der Initiierung von Infragestellung, Skepsis und der Schaffung von Räumen innerhalb der kulturellen Wirklichkeit, wie sie sich jetzt zeigt, um neue Erfahrungen möglich zu machen.

MD: In einer Sache verstärkend, in der Heterogenität des Unternehmens. Bei uns sind es sogar verschiedene Unternehmen, sind die kulturellen Ausprägungen unterschiedlich und aufgrund der historisch gewachsenen Struktur und Komplexität auch nicht immer gleichzeitig und gleichförmig veränderbar. Das heißt, es gibt Bereiche, da ist Veränderungsbedarf, da gibt es aber Paradigmen, die ich zum damaligen Zeitpunkt nicht infrage stellen konnte. Da gilt es, sich zu fokussieren und sich auf die Dinge im positiven Sinne zu konzentrieren, über die dann auch eine Hebelwirkung oder Veränderung stattfinden kann. Es gibt Eckpunkte in historisch gewachsenen Unternehmen, die bestimmt irgendwann infrage gestellt werden können, die ich erst einmal als gegeben anerkennen muss und bei denen es zu einem späteren Zeitpunkt einfacher ist, diese zu bewegen. Das kostet sonst zu viel Energie, das gilt es einfach erst einmal zu akzeptieren.

Als ich die Verantwortung für unsere Zeitungsdruckerei übernommen habe, war es aufgrund der Infrastruktur, unseren technischen Anlagen, der Verantwortungsträger und allem was dazugehörte nicht möglich, den bestehenden Betrieb zu verändern.

Der technologische Druck zum Wandel und die Rahmenbedingen waren so, dass wir quasi auf der grünen Wiese neu planen mussten und mit dieser neuen Planung auch grundsätzlich alles infrage gestellt haben. Wir haben geschaut, wer hat welche Stärken im Unternehmenskontext, die bisher nicht genutzt worden sind. Wenn ich heute sehe, was dort steht, ist das ein bemerkenswerter Betrieb, der wirtschaftlich für das Unternehmen eine ganz andere Ausrichtung, Leistungsfähigkeit, Produktivität und ein neues Qualitätsbewusstsein hat. Ein Betrieb, hinter dem im heutigen Wandel und trotz des großen Umbruches zumindest zwei Drittel der Mitarbeiter aus dem Altbetrieb heraus voll stehen, Mitarbeiter, die einen klaren Blick nach vorne haben.

AH. Du führst einen evolutionären Prozess. Es braucht eine sehr flexible Strategie, die sich am Pragmatischen orientiert, allerdings auch den Mut, Entscheidungen zu treffen und Entwicklungsraum zu geben.

MD: Ausgangspunkt ist immer die Lust am Gestalten, die Lust daran, sich verantwortlich zu fühlen für die Zukunft. Wenn man die Triebfeder nicht hat und nur der Druck von außen käme, sich verändern zu müssen, und man kein eigenes Bild davon hat, was einen antreibt, dann wäre es nicht mit der Leidenschaft und den Inhalten gefüllt, wie es notwendig ist. Ich erkläre nochmal den Begriff Leidenschaft, wie ich ihn in diesem Zusammenhang verstehe: Auseinandersetzung kostet schon Energie. Man muss da natürlich immer wieder bereit sein, das auch zu tun. Wenn man das Gefühl hat, man muss sich miteinander auseinandersetzen, und das kommt von außen, dann kostet es noch mehr Energie, als wenn man es von innen, aus dem Gestaltungswillen und Bewusstsein heraus tut.

AH: Wir schauen auf fünf Jahre deiner Geschäftsführung zurück und im Unternehmen auf ca. zehn Jahre. Es ist viel passiert auf der strukturellen Ebene, es gibt ein neues Druckzentrum, das sich als ein Stück autonomer Betrieb im Unternehmen selbst verantwortet und sich in der Region im Markt etabliert. Die Medienbranche gerät durch die Digitalisierung erheblich unter Druck. Du steuerst den inhaltlichen und kulturellen Veränderungsprozess, wie du ihn skizziert hast.

5.3 Interviews

Wo steht ihr denn jetzt? Wo steht die NORDSEE-ZEITUNG heute, wie ist der Status quo?

MD: Ich glaube, wir haben ein breites Bewusstsein darüber, dass die Veränderung im Unternehmensumfeld und den Mediennutzungsgewohnheiten nur über eine Auseinandersetzung mit uns selbst und diesen Inhalten gelingen kann. Auf der Ebene der Führungskräfte und einem Großteil der Mitarbeiter sind die Klarheit und das Wissen darum da und sehr hoch. Was manchmal noch fehlt, ist das Wissen, wie das persönlich in Handlung umgesetzt werden kann. Da spreche ich jetzt für die Mitarbeiter, das verunsichert auch. Bei den Führungskräften gibt es auch eine Unsicherheit, weil sie die Antworten in Teilen nicht haben, aber da ist der Bodensatz da, dass wir eine Kultur geschaffen haben, dass wir das besprechbar machen können und den Raum geben, miteinander Lösungen zu suchen und an Lösungen zu arbeiten.

Was es gilt noch ein Stück zu überwinden, sind teilweise das Wissen über den anderen, der Respekt und die Wertschätzung gegenüber der Arbeit, die der andere macht, und die Nutzung des Erkenntnisfortschrittes daraus. Das haben wir übergreifend als kommunikativen Prozess über die Firmen gelegt. Wir machen z. B. bildhaft, welche Produkte gemeinsam entstanden sind und wie man durch die Unterschiedlichkeit von Unternehmensteilen und der Herangehensweise gemeinsam Dinge nutzbar machen kann. Das wird die Herausforderung, dies zukünftig zu nutzen.

Wie kann man den guten Inhalt mit technologischem Vorsprung und Kreativität zu einer neuen Angebotsform im Medienkontext bringen, weg von Rollenverhalten, Statusdenken und Fokussierung auf Bisheriges, sondern tatsächlich Öffnung? Heißt das, dass ich unter Journalisten einfach nur Journalist der NORDSEE-ZEITUNG bin? Oder kann ich mit meiner Fähigkeit, die nicht nur die ist, Inhalte zu schreiben, in der Vernetztheit in der Stadt, auch in dem, was ich persönlich einbringe und anbiete, Kommunikation, Dialog schaffen? Zeitung machen ist an der Stelle nicht nur, deskriptiv zu beschreiben und jemand liest es, sondern für Dialoge und Kommunikation in der Stadt zu sorgen. Das wird die spannende Herausforderung, das in eine neue Form zu bringen. Da ist es einfach nötig, dass jeder sich von der bisherigen Rolle löst und offen ist, alles infrage zu stellen. Wir sind heute da, dass wir immer lernen müssen, Paradigmen unseres Handelns noch grundsätzlicher infrage zu stellen. Das ist mir ein persönliches Anliegen, immer wieder den Anstoß zu bieten. Ich erlebe immer wieder, dass manchmal bestimmte Dinge als nichtveränderbar angesehen werden. Eigentlich müssen in dieser Zeit immer alle alles infrage stellen.

Ich gebe einen Dialog wieder und mache es an diesem beispielhaft: Eine Führungskraft bei uns hat gesagt, wir müssen uns weniger auf den Werbemarkt fokussieren, sondern darauf, einen Euro pro Leser und Monat zusätzlichen Umsatz zu machen. Das muss unser Ziel sein, mit einem Produkt. Wir haben eines der wenigen Produkte, das täglich am Kunden dran ist. Diese Mitarbeiterin hat nun als Erstes Bücher aus Serienformaten auf den Weg gebracht, ist unsicher, hört hin und fragt in die Führungsrunde, wie deren Bild davon ist, wie sie dieses Buch machen soll. Wie soll das Papier, der Umschlag sein, welches Format? Sie bekommt viele ganz unterschiedliche Eindrücke. Das erste, was passiert, ist, dass ihr diese Eindrücke keine klare Orientierung geben, und sie sagt: „Was mache ich jetzt damit, an wem orientiere ich mich?" Schlimmstenfalls orientiert sie sich in der Runde an den, der es am glaubhaftesten rübergebracht hat.

Im Gespräch habe ich ihr gesagt: „Zum Schluss ist es das Wichtigste, Sie folgen Ihrer inneren Überzeugung. Ihrem Gefühl zu folgen, das ist genau das, was aus meinem Dafürhalten dann auch den Erfolg ausmacht."

Erfolgreiche unterscheiden sich von Nichterfolgreichen dadurch, dass sie ihre Unsicherheit überwinden, ihrer inneren Einstellung folgen und bereit sind, eine Entscheidung zu treffen. Aus Entscheidungen resultieren Erfolge; Entscheidungen kann man natürlich rational abwägen, der letzte Punkt der Entscheidung ist die innere Überzeugung. Entscheidungen sind die Grundlage für Gestaltung, und Gestaltung ist die Grundlage für eigene Zufriedenheit.

Unser Ziel muss es sein, dass es viele Unternehmer bei uns im Unternehmen gibt, die für sich lernen, Entscheidungen zu treffen und ihrer inneren Überzeugung zu folgen. Dann werden wir auch den notwendigen Erfolg haben. Das hört sich plakativ an, aber ich bin der Überzeugung, dass dieses Momentum unterscheidet. Da gibt es eine innere Sequenz, bei der einfach nur ein Schlüssel reingesteckt wird und ich sage: „Ich mach das jetzt." Das ist meine persönliche Erfahrung aus dem, was ich selbst im Unternehmen gestalten konnte. Das ist das, was am Schluss auch Spaß macht.

Literatur

Wallace DF (2012) Das hier ist Wasser – Anstiftung zum Denken. Kiepenheuer & Witsch, Köln

Zweig S (2013) Sternstunden der Menschheit: vierzehn historische Miniaturen. Insel-Verlag, Berlin

Epilog 6

▶ „Gott hat uns ein junges edles Blut zum Haupt gegeben, damit viel Herzen zu großer, guter Hoffnung erweckt; daneben will sich's ziemen, das Unsere dazu zu tun und der Zeit und Gnade nützlich zu brauchen."

„Das erste, das in dieser Sache vornehmlich zu tun ist, ist, dass wir uns stets vorsehen, mit großem Ernst und nicht etwas anheben im Vertrauen, auf große Macht oder Vernunft, wenn gleich aller Welt Gewalt unser wäre; denn Gott kann und will's nicht dulden, dass ein gut Werk werde angefangen im Vertrauen auf eigene Macht und Vernunft. Er stößet es zu Boden, dagegen hilft nichts, wie im 33. Psalm (V.16) steht: Es wird kein König bestehen durch seine große Macht und kein Herr durch die Größe seiner Stärke." (Luther 2012)

Ein zeitgemäßes Führungsparadigma

▶ **These 1:** Menschen sind spirituelle Wesen, die nach Vollendung und Wachstum, also Entwicklung streben.

These 2: Menschen sind Wesen mit Gefühlen und Verstand (Geist-Seele-Körper-Einheit) –wobei die Gefühle (und Körperempfindungen) den Verstand dominieren.

These 3: Menschen sind vernetzte Wesen, die sich gemeinhin über Beziehungen definieren.

These 4: Pessimistische und misanthropische Menschenbilder sind anachronistisch. Menschen benötigen in komplexen Systemen sowie ihrer Entwicklung „Führungsherausforderungen", Grenzen, die Kraft der Dialektik, um ihre Identität kreieren, ihren Raum der Verantwortung entwickeln zu können.

Dazu benötigt es Führung. Und zwar selbst–verantwortliche

Literatur

Luther M (2012) An den christlichen Adel deutscher Nation von des christlichen Standes Besserung. Reclam, Stuttgart

Entwicklung zum gegenwärtigen Führungsparadigma

7

▷ Anhand des folgenden Kapitels wird die historische, evolutionäre Entwicklung aufgezeigt, die zum gegenwärtigen Führungsparadigma „Führen. Handeln. Verantworten" führte.
Im ersten Teil wird eine Teamentwicklung „live" mit einem Team einer Bausparkasse beschrieben.
Den Start eines Veränderungsprozesses hat der zweite Teil zum Inhalt.
So ist es dem Leser möglich, den gegenwärtigen Kenntnisstand nachzuvollziehen und in lebendiger Weise zu erfahren.

7.1 Teamentwicklung „live"

Die Fahrt mit der skurrilen Berliner Taxifahrerin von Tempelhof zu einem kleinen Ort an den märkischen Seen ist ein guter Auftakt für die am nächsten Tag beginnende Teamentwicklung: Während sie – ausgerüstet mit einem Atemgerät, das die Luft filtert – den genannten Ort auf der Karte sucht, als wäre dieser auf einer Karte namens „Terra incognita", nimmt sie plötzlich das Gerät vom Mund und sagt: „Hier war früher die Mauer … und jetzt sind wa in da früheren DDR: Jetzt heißt det nur – der Scheiß-Osten."

Misstrauen, Unsicherheit über das Neue, das ein Infrage stellen, gar Positionsveränderungen, Veränderungen des Blickwinkels notwendig machen könnte und nicht zuletzt Wut und Angst über Veränderungen, die man doch „gar nicht wollte" (weil Angst und Hilflosigkeit hervorrufend) – all das sind wohl Themen der Fahrerin aus dem Westen und eben auch Themen des Teams, das mir nun beggnen wird.

A. Höhn, *Erfolgreiche Führung im 3. Jahrtausend*,
DOI: 10.1007/978-3-658-02458-1_7, © Springer Fachmedien Wiesbaden 2013

Im Vorfeld hatte ich intensiven Kontakt mit dem Teamchef, der die Aufgabe hat, 14 Mitarbeiter des Außendienstes einer Bausparkasse zu führen – das heißt, sechs Frauen und acht Männer, die im Alltag weitgehend alleine und auf sich gestellt „als Einzelkämpfer" agieren – immer mit einer Zielerreichungsquote vor Augen, nämlich den Erfolg gemeinsam im Team sicherzustellen: originäre Aufgabe des Teamchefs.

Der Teamchef hatte vor wenigen Jahren als Teilnehmer eines Teams selbst einer Teamentwicklung von uns beigewohnt und war über Vorgehensweise, Methoden und deren Auswirkungen auf die Zukunft des Teams so angetan, dass ihn dies motivierte, selbst eine Teamentwicklung für sein Team zu initiieren.

Die mir im Vorfeld von ihm mitgeteilten Wunschthemen für die TE waren: Verbesserung des Kontaktes zu den Mitarbeitern der Banken, bessere Kooperation unter den Teammitgliedern – Bewusstsein: „Wir sind ein Team" (Stichworte sind hier Loyalität, Fairness, Kooperation, Eigeninitiative, Repräsentation der Bausparkasse), Bearbeitung alter tabuisierter Konflikte unter den Teammitgliedern, dementsprechend die Einrichtung einer konstruktiven Konflikt- und Feedbackkultur, Zeitmanagement der einzelnen Mitarbeiter und bessere gemeinsame Koordinierung der notwendigen Daten, Ideenaustausch, Kennenlernen verschiedener Entscheidungswege sowie – last not least – Steigerung der gegenseitigen Motivation.

Nach meiner Ankunft am ersten Abend begegne ich einem ziemlich gespannten Teamchef, der mir über das mehr oder weniger offene Misstrauen seiner Mitarbeiter gegenüber dieser Teamentwicklung berichtet; wir planen und besprechen nun den kommenden ersten Tag der Teamentwicklung – vollkommen normal sind Skepsis und Misstrauen der Mitarbeiter, verbergen sich dahinter doch verständliche Ängste vor einer Veranstaltung, die eine Auseinandersetzung mit sich selbst und den Kollegen impliziert. Unsicherheit erzeugen weiterhin die Unwissenheit über den genauen inhaltlichen Ablauf der Veranstaltung und die Sorge, welche Konsequenzen – oder gar Sanktionen – diese Teamentwicklung wohl haben werde.

Die Aufgabe eines guten Trainers oder „Teamentwicklers" besteht nun darin, den schon häufig apostrophierten Satz „die Teilnehmer dort abzuholen, wo sie sich befinden", glaubwürdig mit Leben zu füllen.

Den Abend beginne ich gemeinsam mit dem Teamchef und den nach und nach eintreffenden Teilnehmern auf der Seeterrasse des Hotels bei „Alsterwasser" und „Smalltalk", einer wohl wichtigen vertrauensbildenden Maßnahme vor Beginn des Seminars, um einander zu beäugen und die Atmosphäre zu entspannen.

Jetzt geht's los! Montagmorgen, 9.00 Uhr: Gemeinsam sitzen wir im Kreis, ich stelle mich vor, erzähle von mir kurz beruflich und privat die Eckdaten und bitte

7.1 Teamentwicklung „live"

die Crew, mir kurz mitzuteilen, wie für jeden Einzelnen der Verlauf hin zu dieser Teamentwicklung war, wie jeder angesprochen werden möchte und wie schlussendlich seine/ihre Aufgabe und Position innerhalb des Teams ist. Spürbar werden während der Vorstellungsrunde die Ängste, zu etwas gezwungen zu werden, „was ich nicht möchte" – so eine Teilnehmerin; eine andere Teilnehmerin berichtet über eine Teamentwicklung, nach der hinterher eine Kollegin entlassen wurde. Und außerdem – so eine Kollegin – wären sie ein „gutes Team", wozu also eine „Teamentwicklung"? Wobei hierbei ihre Augen zwischen mir und dem Teamchef hin- und herwandern – wer ist nun verantwortlich für diese Veranstaltung? Andere Teilnehmer äußern die Hoffnung, sich besser kennenzulernen oder als Neue besser ins Team integriert zu werden, oder gar das Bedürfnis, vom Wissen der „alten Hasen" zu profitieren.

Für mich als Trainer ist augenblicklich der wichtigste Moment, Vertrauen bei den Teilnehmern zu gewinnen, ihnen die Sicherheit zu geben, dass ich bei den nun kommenden Teamprozessen verlässlich präsent sein werde – mit entsprechender Wertschätzung für alle Teilnehmer.

Diagnostisch steht einem sehr agilen, sehr dynamischen Chef aus dem Westen mit einer Menge Selbsterfahrung und einer ökonomisch wie sozial-kommunikativ hohen Erwartungshaltung eine junge Crew gegenüber, die teilweise ob der Dynamik und des Tempos des jungen Chefs paralysiert wirkt. Die unsichtbare Frage steht im Raum: Kann ich`s wirklich recht machen? Spürbar sind Trotz und eine Menge Konkurrenz untereinander mit einigen ungeklärten „Geschlechterspielchen"...

Eine erste Entspannung unter den Teilnehmern wird spürbar, und die Ouvertüre in der Teambildung ist nun meine Frage an die Gruppe, ob sie eher spielerisch, also rechtshemisphärisch, oder inhaltlich, d. h. Linkshemisphärisch, beginnen möchte: Spannend, die Gruppe nun bei dem Prozess zu beobachten, wie sie zu einer Entscheidung kommt: „das Neue" zu riskieren oder auf „Nummer Sicher" zu setzen. Der Gruppenkonsens geht augenblicklich in Richtung Sicherheit – folglich ein rationaler Beginn.

Nun veranlasse ich das Team, zwei „zufällige" Gruppen zu bilden und getrennt voneinander den Fragen nachzugehen:
Was soll hier passieren?
Was soll hier NICHT passieren?

Geradezu emsig und äußerst engagiert gehen beide Gruppen in getrennten Räumen an die Arbeit, verbunden ist diese kognitive Aufgabe nämlich mit dem Zusatz, das Arbeitsergebnis in kreativer Form auf einem Flipchartpapier den anderen zu präsentieren.

Bei dieser ersten Kleingruppenarbeit ist es meine Aufgabe, die Teilnehmer mit größter Zurückhaltung aufzusuchen und schlicht präsent zu sein. Beeindruckend ist, mit welcher Verve und welchem Mut Ängste, Befürchtungen sowie auch Wünsche und Hoffnungen während der Präsentation geäußert werden. Konkret seien hier erwähnt die Angst einer Teilnehmerin, in dieser Teambildung „durchzufallen" und entlassen zu werden, die Sorge einer anderen Teilnehmerin, dass der Chef „Rabattmarken" kleben könnte: hier also nur eine Scheinoffenheit besteht, der Chef sich in Wirklichkeit Notizen macht und „Fehlverhalten" hinterher negativ sanktioniert – im extremsten Fall mit der Entlassung.

Es wird die konkrete Hoffnung geäußert, dass „Einzelkämpfertum und Isolation" einzelner Mitarbeiter im alltäglichen Außendienst durch mehr Austausch überwunden werden können und gemeinsame Aktionen initiiert werden – um zum Beispiel die Bausparkasse in den Banken besser zu repräsentieren und zu verankern. Weiterhin wird sehr zaghaft von einem Mitarbeiter die Hoffnung geäußert, dass „alte Leichen" des Teams, also latent schwelende Konflikte, ausgesprochen und Möglichkeiten hier trainiert oder erlernt werden, mit solchen kreativer und konstruktiver umzugehen – blockieren doch diese die alltägliche Zusammenarbeit sehr. Hierauf wird Widerstand von anderen Teilnehmern deutlich, bei ihnen sei doch alles „in Ordnung", Probleme könne „man sich auch einreden"...

Die Teambildung gewinnt ersten Boden. Nachdem Befürchtungen und Ängste ausgesprochen werden konnten und dem sogenannten „Kleben von Rabattmarken" durch den Teamchef eine klare und deutliche Absage erteilt wurde, indem er den Mitarbeitern in äußerster Klarheit mitgeteilt hat, dass jeglichem Tun oder Lassen keine Konsequenzen – gar bis zur Entlassung – folgen würden, ist die Atmosphäre gelockert und entspannt sich zusehends.

Es ist an dieser Stelle von Bedeutung, die Authentizität und beeindruckende Ernsthaftigkeit des Chefs, die er in diesem Augenblick vermittelt, hervorzuheben, aus meiner Perspektive transportiert er deutlich seine Motivation, dieses Training zu nutzen, um erfolgreicher zu werden mit „seinem Team", d. h. Beziehungen zu klären, Konflikte auszusprechen, um sich den oben genannten Erfolgspunkten anzunähern – ohne „Schonung" der eigenen Person. Diese Glaubwürdigkeit „jenseits" der Worte, also auf der Beziehungs- oder Prozessebene, ist der entscheidende Punkt in der atmosphärischen Veränderung.

Ein weiterer wesentlicher Faktor ist die Ahnung des Teams, dass innerhalb dieses Trainings wirklich ihre Probleme und Sorgen, gar Veränderungspunkte be- und verhandelt werden sollen, also „Selbstbestimmung" vorrangig ist.

Durch diesen geradezu simplen ersten Arbeitsaufgabenschritt ist es nun für mich ein Leichtes, mit dem spielerischen Teil fortzufahren, der anfänglich auf Ablehnung stieß. Ich animiere die Teilnehmer nun, sich zu Paaren zusammenzufinden, weise darauf hin, dass man nun die Wahl habe, sich eher mit dem „Schmusekissen" zu verbinden, also einem Partner, der einen eher bestätigt,

7.1 Teamentwicklung „live"

oder einem „Reibeisen", der einen vielleicht eher mit den eigenen Schattenseiten konfrontiert – ist diese „Lernpartnerschaft" doch über die folgende Aufgabe von Bedeutung. Ich bitte die Gruppe, sich einen Bogen des Flipchartpapiers zu holen und nun das Konterfei bzw. das Profil des Partners ähnlich einem Scherenschnitt mit der Hand zu reißen – übrigens mit einem langen Hals.

Diese Aktivität löst – teils ungläubige – Belustigung aus oder von manchem gar die Frage, ob ein solch kindliches Tun etwas mit „seriöser" Arbeit zu tun habe; worauf ich nur erwidere, dass eben in kindlichem Tun die meiste Kreativität liege und sie sich überraschen lassen sollen, was hieraus entstünde...

Der bedeutendste Effekt ist augenblicklich, dass die Teilnehmer in Bewegung geraten – also sprichwörtlich etwas in Bewegung gerät, beispielsweise der schulische „Trance-Zustand", in dem wir uns alle meistens bei Fortbildungen befinden, wenn einer spricht und alle warten – worauf eigentlich? Sich anzupassen und den Erwartungen gerecht zu werden oder zu rebellieren, oder?

Nun geht's weiter: Der zweite Schritt beinhaltet den Tausch der „gerissenen" Köpfe, so hat jeder seinen eigenen und soll nun das eigene Gesicht hineinmalen.

Einen anderen Zugang als den rationalen zu öffnen, das ist hier der Impuls – und bei nicht wenigen werden Ängste deutlich: Kann ich das? Malen – kann ich hier vor den anderen reüssieren?

Und jetzt wird's spielerisch etwas ernster. Wiederum Austausch der Köpfe, und jeder schreibt die „charakteristischsten Eigenschaften" des Partners in den gerissenen Hals des anderen. – um im vierten Schritt wiederum die Köpfe zu tauschen, sodass jeder schlussendlich seinen Kopf in den Händen hält, um unter die drei Eigenschaften des Partners eine Einschätzung seiner selbst zu notieren: Was bringt mich ins Schneckenhaus in einer Gruppe, was holt mich wieder heraus? Also, was provoziert meinen Rückzug im Gruppenzusammenhang, und was muss passieren, dass ich mich wieder öffne?

Das Tun ist nun allen transparenter, und der Raum ist gefüllt mit einem Team, das sehr unterschiedlich diese Aufgabe löst: Länger oder kürzer verweilt der Einzelne bei der Aufgabe, bleibt eher für sich oder tauscht sich sofort aus – die Unterschiedlichkeiten beginnen deutlich zu werden.

Die Vorstellung im Kreis bewirkt auf spielerisch-ernsthafter Ebene die Annäherung an ein Ziel der Teambildung: den Kontakt, die Kommunikation zu verbessern durch gemeinsame Aktivität und Feedback. Es gibt Erstaunen oder Bestätigung bei dem Vorstellen der Eigenschaften, erste Ruhe und Intimität entstehen bei der Beantwortung der Schneckenhaus-Frage; allerdings auf „erträglichem Niveau" für den ersten Tag.

Besonders im Visier der Gruppe ist selbstredend der „Chef", sozusagen der „Vater" der Gruppe, der – wie jede Führungskraft – sämtliche Projektionen seiner Mitarbeiter auszuhalten hat. So manche aufzulösen sowie das Verhalten des

Chefs, das diese hervorruft, miteinander zu verändern – auch ein implizites Ziel dieser Teambildung.

Nun bitte ich die Gruppe, die augenblicklich isolierten Köpfe gemeinsam zu einer Team-Skulptur zu bilden, Nähe und Distanz, Kontakt oder Nicht-Kontakt entsprechend, und zwar so, dass jeder mit seiner Position sich wiedererkennt. Dies macht die Gruppe nonverbal auf dem Boden – diesen Prozess aus der Distanz zu beobachten, erleichtert mir die „Diagnostik" des Teams ungemein: Wie machen sie das nun? Wer dominiert mit wem? Wer sabotiert? Wer koaliert? Wie geht die Gruppe mit dem Chef um und umgekehrt? Wer zieht sich zurück? Gibt es einen Sündenbock? Wer vermittelt? Wird eine ernsthafte Auseinandersetzung durch irrelevante Witzeleien verhindert etc. Das sogenannte „Gruppen-Mobile" wird deutlich: Die unbewusste Balance in dieser Gruppe, wie stärken und wie schwächen sich die einzelnen Mitglieder dieser Gruppe?

Die Rivalität und Sprachlosigkeit zweier Kolleginnen, die gemeinsam in einer Bank tätig sind, die Zweideutigkeit und Unklarheit zwischen privat-intimem und beruflichem Kontakt, die Isolation einer Kollegin sowie die ziemlich massive Konkurrenz eines jungen Mitarbeiters mit seinem Chef – diese Momente, die wohl eher behindern, springen geradezu ins Auge.

Deutlich werden auch die Ressourcen dieses Teams, die in der Unterschiedlichkeit liegen zwischen eher extrovertierten und introvertierten Mitarbeitern, der Ausgleich zwischen Männern und Frauen – gemeinhin zeichnet sich das Team durch eine große Virilität aus und einen hohen Aktivitätspegel.

Defizitär scheinen die Konfliktkultur, eine klare und direkte Kommunikation und dementsprechendes Feedback, klare Grenzen untereinander sowie dementsprechende Aufgabenkooperationen.

Dies kann sich kein erfolgreiches Team leisten. Geht damit doch ein Kreativitätsverlust einher. Und darüber hinaus: Selbst „Basics", also der ganz alltägliche Informationsfluss und die daraus resultierende Kooperation, geraten ins Stocken oder stagnieren gänzlich.

Nun bitte ich zwei Teilnehmer aus der Gruppe, für die kommende Übung die Rolle der Führungskraft, des „Leaders" zu übernehmen; nach anfänglichem Zögern, sich für eine solche Aufgabe interessiert zu zeigen, melden sich zwei, mit denen ich dann in der Mitte stehe. Aufgabe der Leader ist es, zwei arbeitsfähige, kreative Teams zusammenzustellen – und zwar wählen sie nacheinander je drei Personen und geben diesen ein kurzes Feedback, warum sie sich gerade für sie oder ihn entschieden. Ich ziehe mich nun nach außen zurück und beobachte den Verlauf des „Mini-Soziogramms". Und füge hinzu, dass der oder die Gewählte selbstredend die Wahl nicht annehmen muss, sondern sich auch bei dem alternativen Team bewerben kann.

7.1 Teamentwicklung „live"

Jetzt entstehen zwei ziemlich unterschiedliche Teams: die eher älteren Kolleginnen mit einem ziemlich zurückhaltenden Mann. Das Interessante ist, dass zwei der Kolleginnen einen latenten Konflikt miteinander zu haben scheinen. Das zweite Team besteht hauptsächlich aus den jüngeren Frauen, die keine Gelegenheit auslassen, die männlichen Kollegen mit massiver weiblicher Koketterie zu „domestizieren" und damit wohl den männlichen Interessen entsprechen!? Auf jeden Fall bittere Gefühle der Konkurrenz bei den älteren Kolleginnen hervorrufen.

In diese „ganz normale" Gruppendynamik interveniere ich, nachdem zwei Teams à vier Personen (mit dem Leader) bestehen: Nun wird der Spieß umgedreht, und die „Sitzengebliebenen" werden von mir gebeten, sich bei einem Team zu bewerben, ebenso mit kurzem Feedback – und selbstredend hat auch in diesem Fall das Team die Möglichkeit, den Bewerber abzulehnen.

Die Gruppendynamik erfährt ihren Höhepunkt, als der schärfste Konkurrent des Teamchefs aus der vorgegebenen Instruktion ausschert mit dem Vorschlag – und sofortigem Akquise-Start -, ein drittes Team unter seiner Führung zu installieren: Nun entsteht Unruhe, ich greife diese Dynamik – wie im richtigen Leben – begrüßend auf und gebe fünf Minuten, um den Prozess abzuschließen. Nach dieser Selbstinszenierung möchte nun allerdings nur eine Kollegin seiner Avance folgen, und so existieren abschließend drei Teams mit zwei Mal fünf Leuten und einem Mal zwei Leuten.

Diese „drei Teams im Team" haben nun die Aufgabe, eine detaillierte „Kraftfeldanalyse" der Zusammenarbeit der Crew zu machen, und zwar eingeschlossen die Vorbereitung einer kreativen Präsentation vor den anderen Gruppen nach der Kleingruppenarbeit; die Kraftfeldanalyse umfasst folgende Fragen:

- Was sind die fördernden Faktoren unserer gegenwärtigen Zusammenarbeit?
- Was sind die hindernden Faktoren derselben?
- Über was darf in unserem Team gesprochen werden?
  Und über was nicht?
- Was muss man tun, um in der Gruppe zum Außenseiter zu werden?
  Und was muss man tun, um dazuzugehören?
- Wie erzeugen wir Störungen?
- Was tun wir dann üblicherweise?
- Wie wollen wir in Zukunft damit umgehen?

Bedingt durch die lebhafte Gruppendynamik während des „Mini-Soziogramms" arbeiten die Kleingruppen geradezu begeistert an getrennten Orten an der „Kraftfeldanalyse". Es macht ihnen sichtlich Spaß, den „Zustand" ihres Teams unter die große Lupe zu nehmen. Während der Kleingruppenarbeit suche ich die Teams immer wieder auf, um etwaige Fragen beantworten zu können und die jeweilige Dynamik zu beobachten – verharre ansonsten in Zurückhaltung.

Beeindruckend ist die Verve bei der kreativen Umsetzung für die geplanten Präsentationen – lebhafter Ehrgeiz aller Orte; gerade die „dritte" Kleingruppe möchte nach ihrem Auftritt vorhin den hohen Erwartungen natürlich entsprechen...

Es kommen spannende Präsentationen: Tabus werden auf unterschiedliche Weise angesprochen, z. B. dem Chef Kritik auch direkt „ins Gesicht" zu sagen oder Unmut einem Kollegen gegenüber dort zu platzieren, wo dieser auch hingehört: zu ihm direkt; weiter, auch mal ein Gefühl zu äußern bei Verärgerung oder Verletzung oder gar Hilflosigkeit oder ein Gefühl des Versagens einzugestehen... Sehr genau erarbeiten die Gruppen hindernde und fördernde Faktoren und widmen sich detailliert der Frage, WIE – nicht warum – erzeugen wir Störungen, ist doch die Warum-Frage immer eine „Sackgassen-Frage". Die Wie-Frage hingegen konzentriert sich auf veränderbare Abläufe – ein erster Anker wird von jeder Gruppe in die Zukunft gesetzt: Kreierten sie doch alternative lösungsorientierte Strategien, wie in Zukunft Störungen zu vermeiden sind.

Ein Anfang in dieser Teambildung: immer die alltägliche Zukunft vor Augen. Ist doch die praktische Relevanz für den Alltag der wichtigste Indikator für den Erfolg dieser Maßnahme – überprüfbar müssen die Arbeitsergebnisse dieser Teambildung später sein – sonst wär's doch nur „Psycho-Hokuspokus".

Dazwischen eine halbstündige Vormittagspause und mindestens ein einstündiges Mittagessen:

Diese Pausen sind wichtig, müssen die Teilnehmer doch Gelegenheit haben, das Erlebte sich setzen zu lassen – sonst wird's ein unerquicklicher Marathonlauf.

Nach so viel Analyse, also intellektuellem-linkshemisphärischem Tun, lade ich nun die drei Kleingruppen ein, ihre Arbeitswirklichkeit auf der kreativ-spielerischen – also rechtshemisphärischen – Ebene zu erleben:

Die Aufgabe lautet: „Fast wie im richtigen Leben":

1. Akt: Unsere Zusammenarbeit gestern und heute (Wirklichkeit)
2. Akt: Unsere Zusammenarbeit morgen (Vision)

Erlaubt ist jede Kreativität, Überspitzung oder jegliches Requisit (Hotels sind herrliche Fundgruben für gesuchte Gegenstände aller Art...) – mit agiler Begeisterung ziehen sich die Gruppen zur Vorbereitung zurück.

Die drei Inszenierungen geraten zum Höhepunkt des ersten Tages: Wer hätte sich von den Teilnehmern selbst so viel Witz, Humor, darstellerisches Talent – oder gar den Kollegen – zugetraut? Die „Störungen" werden auf dieser Ebene ohne jede Verbissenheit auf den Punkt gebracht: Die konkurrierenden Konflikte

7.1 Teamentwicklung „live"

unter den Frauen, die sich dahinter „versteckenden" Männer, die Wut auf den Bezirksdirektor, also den Teamchef, der für Einhaltung der „ZEP = Zielerreichungsprämie" und dementsprechenden Druck steht, das noch hinzukommend ziemlich passive Dasein der Männer im Team – mit Ausnahme des „Chef-Anwärters" –, mit spielerischem Engagement werden auch die „Visionen" inszeniert: Direkter aufeinander zuzugehen, zwei Kolleginnen probieren innerhalb des Theaterstücks schon ihre neue Kommunikation aus!...

Die Mitarbeiter des Teams erleben sich hier auf einer vollkommen anderen Ebene, entdecken – ja, sind geradezu sprachlos – hier ungeahnte Ressourcen der Einzelnen und des Zusammenwirkens in der Gruppe.

Gleichzeitig bietet dieses „theatralische Medium" die Gelegenheit, Störungen ohne Verbitterung auszudrücken: Ist es doch viel einfacher, im Spiel etwas darzustellen als es verbal auszudrücken.

Schlussendlich bekam das Team eine gelebte Veränderungserfahrung mit der Visions-Darstellung. Das verankert sozusagen: Ja, Veränderung ist möglich – bei Wertschätzung der ausprobierten Strategien und Nutzung der vorhandenen Talente und Achtung der divergierenden Bedürfnisse.

Dazwischen gebe ich Theorie-Inputs: Die Ebenen der Kommunikation, die auf die Bedeutung der Beziehungs- vor der Inhaltsebene hinweisen, und stelle in Kürze die Regeln der Kommunikation vor: Hinweise, auf selbstverantwortliche und direkte Kommunikation zu achten, die eigenen Bedürfnisse direkt zu kommunizieren, auf eigene Körpersignale zu achten etc.

Ein schon voller erster Trainingstag, jedoch ein noch ziemlich agiles und aufgeladenes Team und die geheime Hintergrundfrage: Ist denn Teamarbeit eigentlich notwendig und sinnvoll bei lauter Einzelkämpfern vor Ort in diesem Metier?

Also entschließe ich mich, noch eine Entscheidungsübung anzubieten, innerhalb der vorerst der Einzelne eine Reihung überlebenswichtiger Gegenstände vornehmen muss, die ihm und der Gruppe bei einem Flugzeugabsturz in der Wüste verbleiben, um im zweiten Schritt innerhalb des Teams zu einer Reihung zu gelangen, die auf Einstimmigkeit basiert. Von Bedeutung ist hier weniger das endgültige Ergebnis als der Team-Weg dorthin. Wie geht die Gruppe mit abweichenden Meinungen um? Wer führt wie? Etc. Und schafft es die Gruppe, eine „Synergie" zu erzielen? Das hieße, die Ressourcen der Einzelnen so zu bündeln, dass das beste Einzelergebnis noch übertroffen wird. Und wenn dies nicht geschieht, was hat's verhindert?

Ich leite die Entscheidungsübung mit folgenden Fragen für jedes Teammitglied ein:

- Welche Rolle übernehme ich in der Gruppe?
- Wie mache ich meinen Einfluss geltend?

Nun beginnt noch ein spannender aufreibender Prozess, der drei Stunden dauert – die Gruppe ist erschöpft und sehr zufrieden mit den Erfahrungen des ersten Tages – besonders die Skeptiker, „weil wir skeptisch bleiben durften", das sagen sie mir zum heutigen Abschluss. Die Auswertung der Übung beginnt morgen – Feierabend.

Der zweite Tag beginnt mit einer „Blitzlichtrunde" – sodass jeder einmal zu Wort kommt: Was ist übrig von gestern, was jetzt sofort „raus muss", wie waren die Träume? – Das häufig apostrophierte „Abholen" der Teilnehmer ist hier relevant und wird nur dann erfolgreich und nicht „psycho-künstlich", wenn der „Kontakt stimmt" zwischen Teilnehmern und Trainer.

Der nächste Step ist eine „Prozessanalyse der Zusammenarbeit" gestern während der Entscheidungsübung anhand einer Grundlage auch für Feedback in Teambesprechungen:

1. Was hatten wir uns für den vergangenen Zeitraum vorgenommen (sachlich, inhaltlich, emotional, Beziehung)?
2. Was haben wir erreicht, was haben wir nicht erreicht?
3. Woran lag es, dass wir unsere Ziele erreicht bzw. nicht erreicht haben?
4. Wie war die Kommunikation/Kooperation?
5. Welche Konflikte/Ärgernisse/Störungen gab es?
6. Wie wurde Feedback ausgetauscht?
7. Welche Informationen sind noch auszutauschen?
8. Was wollen wir beibehalten, was wollen wir ändern?
9. Was nehmen wir uns vor?
10. Welche Fähigkeiten/Ressourcen stehen uns dafür zur Verfügung und welche fehlen uns noch?

Die drei Kleingruppen haben nun die Aufgabe, diese Fragen sachlich zu analysieren und die Prozessanalyse mit einer „projektiven" Methode, d. h. mit einer „Skulptur", einer „Pantomime" oder einem „Bild" darzustellen.

Deutlich wird immer wieder die Verbindung zwischen linker und rechter Hemisphäre, also Verstand, Ratio und Gefühl – das heißt rationaler UND spielerisch-kreativer Analyse, kommunikationstheoretisch ausgedrückt: digitaler und analoger Kommunikation. Die Verbindung beider Seiten ist ein Schlüssel für den kommunikativen und damit inhaltlichen Erfolg eines Teams.

Mit ungeheurer Kreativität präsentieren die Kleingruppen ihre Ergebnisse, war doch die „Paradoxie" der gestrigen Entscheidungsübung, dass ein Großteil der Gruppe dem „charismatischen Führer", dem Rebellen und Konkurrenten des Chefs, folgte, obwohl dieser auf der inhaltlichen Ebene mit seinen Entscheidungen die Gruppe sprichwörtlich in den Tod führte; die eher unscheinbaren Kräfte

7.1 Teamentwicklung „live"

innerhalb des Teams wurden mit ihren inhaltlich relevanten und richtigen Hinweisen nicht gehört und zogen – gleich einer Phalanx – hinter dem Leader her...

Phantastisch setzten die Gruppen dieses Prozedere um und verbanden dies sehr geschickt mit ganz konkreten Vorschlägen für einen verbesserten Umgang für die Zukunft; besonders stach mit Witz und Selbstironie die Kleingruppe aus dem Mini-Soziogramm hervor, die „sich selbst erschuf": Mutet dies doch an wie ein Hoch auf den lebendigen Wettstreit, die ehrgeizige Konkurrenz innerhalb der Kooperation.

Dazwischen Theorie-Inputs meinerseits: das „Yohari-window", ein simples Persönlichkeitsmodell, das die Kernaussage hat, dass sozusagen „blinde Flecken" meinerseits innerhalb der Persönlichkeitsentwicklung in einer Teambildung in den Bereich des mir bewussten Erlebens gerückt werden – durch Feedback-Austausch mit den Kollegen; hier schließe ich die Feedback-Regeln an, dem anderen von mir sprechend („Ich-Botschaft" statt „Du-Botschaft") konkret im ersten Schritt das zu sagen, was ich bei ihm wahrnehme, im zweiten Schritt meine Gefühle und Reaktionen, die dieses Verhalten auslöst, ihm gegenüber zu äußern und dies mit einem Verhaltenswunsch zu verbinden.

Das klingt theoretisch. Das Team wird in einer sehr lebendigen Form der Beziehungsklärung Gelegenheit haben, dies ganz nebenbei zu trainieren – Feedback geben.

Jetzt wird's jedoch wieder ziemlich spannend: Der Chef als Vorbild – es gibt einen „Heißen Stuhl" für den „BD" = Bezirksdirektion, selbstredend nach Absprache mit ihm; das von ihm Geforderte möchte er auch selbst praktizieren.

Das läuft folgendermaßen ab:

> Die Mitarbeiter äußern sich zu den Punkten:
> „Ich wünsche mir, dass Sie das Verhalten...
> ... steigern
> ... verringern
> ... beibehalten
> und biete dafür an..."

Das Setting ist inhaltlich „wachstumsförderlich" gehalten, d. h., das konstruktive Feedback ist verbunden mit einem Moment des Ausgleichs, ein bedeutender Aspekt, wenn Kritik an einer Person auch zur Veränderung führen soll; ebenso die unabdingbare Wertschätzung an der Person: Welchen Grund sollte ich haben, mich zu verändern, wenn mein gesamtes Verhalten, also meine ganze Person „nicht o.k." ist?

Der Chef sitzt in der Mitte und wendet sich einem Mitarbeiter nach dem anderen zu, der das Wort an ihn richtet.

Nach ersten Hemmungen machen die Mitarbeiter aus ihren Herzen keine Mördergrube und sprechen „frei von der Leber weg", äußern sehr detailliert Gefühle, die in ganz konkreten Situationen entstanden: Alte Verletzungen werden ausgesprochen und mit Veränderungswünschen verbunden. Das Kathartische in diesem Prozess ist für mich atmosphärisch spürbar: Aus unausgesprochenen Verletzungen und daraus resultierendem Misstrauen entsteht Klarheit und Transparenz. Plötzlich weiß der Chef konkret, warum ihm dieser Mitarbeiter seit Monaten eher ausweicht, durch konstruktives und konkretes Feedback kann er sich auch überlegen, an dieser Konfliktstelle etwas zu ändern, beispielsweise in einer Stresssituation nicht willkürlich einer Kollegin zu unterstellen, „sie würde die Monatsabrechnung mit gehorteten Verträgen aufpolieren", oder mit dritten Kollegen über eine andere zu sprechen.

Neben all der Kritik gibt es auch viel authentische Wertschätzung, beispielsweise die Bewunderung für seinen Mut, auch Neues und Unkonventionelles auszuprobieren und – wenn erfolgreich – auch voranzutreiben, und es gibt viel Engagement, etwas Konkretes für die Zusammenarbeit anzubieten, beispielsweise die Bitte, bei „heiklen" Kunden zusammenzuarbeiten, gemeinsam ein Projekt in der Bank zu veranstalten; es ist deutlich, wie diese beiden zuletzt genannten Aspekte die Kritikpunkte für den Chef annehmbar machen.

Die Stimmung ist nach dem „Heißen Stuhl" von einem ersten „Durchbruch" gekennzeichnet, weiter von Erschöpfung und wohl der Ahnung, dass die Gruppe sich nun „hinter der Wut auf den Chef" nicht mehr verstecken kann: dass eine Feedback-Situation jetzt auch für die Gruppe ansteht. Aber nun ist Pause und Zeit zum „Durchatmen".

Die Anspannung im Team ist spürbar. Es geht nun hin zur „Klimax" der Teambildung – eine Atmosphäre zwischen „High Noon" und Erleichterung.

Ich stelle das „Soziogramm" vor, es gibt vier unterschiedliche Kategorien:

- Vertrauen (die „Teamkarte"),
- Chance: Störung/Konflikt,
- Macht/Einfluss (die „Führungs- oder Chefkarte")
- Hypothese (ich vermute …).

Jeder Teilnehmer hat für die ersten drei Kategorien zwei Karten zur Verfügung, die an zwei unterschiedliche Teammitglieder zu verteilen sind, den Teilnehmer selbst ausgenommen.

Die Hypothesenkarte ist nur ein Mal zu verteilen und kann eine Vermutung betreffen, die auf das ganze Team, eine Teilgruppe, zwei Personen oder nur eine bezogen ist.

7.1 Teamentwicklung „live"

Die Karten sind mit den Regeln des Feedbacks auszufüllen:

Absender
1. Ich nehme wahr... – konkret wahrgenommene Situation
2. Und dies löst bei mir aus... – Gefühl und Reaktion
3. Und ich wünsche mir... – konkreten Wunsch bezüglich Verhaltensänderung

Empfänger Ängstlicher Widerstand regt sich von einigen, was, wenn sie mit niemandem einen Konflikt oder eine Störung hätten? Ich reagiere mit Leichtigkeit, sage, die Konfliktkarte sei die Chancenkarte, die intensivste Kontaktkarte, und alle Karten seien auszufüllen – „Augen auf und durch"...

Und dann eifriges Ausfüllen – die Gruppe sitzt dann im Kreis, ich behalte mir vor, bei „wachstumshindernder" Kritik „coachend, begleitend" zu intervenieren, selbst bin ich am Soziogramm nicht beteiligt. (Die Gruppe konnte selbst über meine Teilnahme entscheiden, nachdem ich ihr kurz Vor- und Nachteile schilderte: Bei meiner Teilnahme gäbe es auch mein Feedback, die Kartenvergabe wäre allerdings zum Teil auf mich fokussiert, und ich hätte einen Sonderstatus inne.)

Zum Warmwerden beginnt die Gruppe mit der Vertrauenskarte, viel Wertschätzung wird unter denen verteilt, die die engsten Beziehungen miteinander haben. Das Prozedere ist, dass der Geber innerhalb des Kreises zum Nehmer geht, sein Feedback gibt, um dann die Karte vor ihn zu legen.

Zum Höhepunkt kommt's bei der Konfliktkarte: Wirklich alte, verkrustete Störungen werden ausgesprochen, alte Verletzungen deutlich: Die zwei „sprachlosen" Kolleginnen in einer Bank geben sich mit viel Mut und Ehrlichkeit die Karten, das Team klärt seine Beziehungen untereinander, durch den „Heißen Stuhl" ist der Chef aus der „Ziellinie" genommen; eine Teilnehmerin erhält sechs Konfliktkarten und verlässt, noch bevor ihr die sechste übergeben werden kann, fluchtartig den Saal: Schuld und Ratlosigkeit stehen im Raum. Ich sage ziemlich trocken, jeder solle sich jetzt eher um seine eigenen Gefühle kümmern, als „rettend" Verantwortung für die Kollegin zu übernehmen. Diese Situation ist ein gruppendynamischer Indikator für all die brodelnden Konflikte und Störungen, die unter der Bettdecke gehalten worden sind.

Die nach draußen gegangene Teilnehmerin frage ich, ob sie die Rolle der „Seismographin für Konfliktunfähigkeit im Team" weiter übernehmen wolle oder nicht? Wenn nicht, dann solle sie wieder in den Raum zurückkehren – was sie dann auch tut.

Es entstehen nun Tiefe und Kontakt, spürbar wird die blockierte Energie, wenn Konflikte nicht konstruktiv ausgetragen, sondern tabuisiert oder irgendwann destruktiv und verletzend ausagiert werden.

Bedingt durch das konkrete Feedback gibt es für nahezu jeden detaillierte Hinweise, in welchen Situationen und bei welchen Verhaltensweisen Veränderungen wünschenswert sein können. Die Macht- und Einflusskarte gerät zu einem interessanten Feedback darüber, welche unterschiedlichen Einflüsse und Machtstrukturen auf welche Schultern in der Gruppe verteilt sind. Auch die mögliche Bedeutung, überhaupt keine Karte zu bekommen: zu diesem Gruppenmobile später. Die Hypothesenkarte deckt spielerisch Vermutungen über andere auf: Der übliche Klatsch über Dritte wird so zur Ressource, phantasievoll Vermutungen auszusprechen als Feedback-Möglichkeit.

Der kathartische Effekt ist nun ganz deutlich: Die Atmosphäre ist klar, und nun beginnt das Team sich in die Lage zu versetzen, auch inhaltlich kompetent und konstruktiv zusammenzuarbeiten – nach der notwendigen Beziehungsklärung.

Nach diesem „Akt" ist die Gruppe erschöpft und sehr zufrieden, nach dem abendlichen Feedback zu schließen – die Nachbereitung des Soziogramms wird morgen stattfinden.

Auf dem gestrigen Abendprogramm standen Kabarett und ein nächtlicher Ausflug in die nahe Großstadt, und trotz der kurzen Nacht ist das Team in einem Zustand wacher Präsenz, als wir beginnen.

Als „Warming-up" teile ich für die Lernpartnerschaften einen „Selbstbild-/Fremdbild"-Fragebogen aus, hier beurteilt jeder sich selbst, dann den Lernpartner anhand sozialer Kompetenzen in einer intuitiven Skala von 0 (gar nicht) bis 10 (äußerst kompetent); die dritte Spalte ist für eine Hypothese vorgesehen, welcher Position mich mein Partner wohl zuschreibt. Beispielsweise gibt es die Feststellungen:

- Neigung, die Gruppe in die Hand zu nehmen?
- Bereitschaft, sich von anderen beeinflussen zu lassen? Usw.

Hier ergibt sich jetzt ein sehr intimer, resümierender Austausch zwischen den Partnern, die schon mit den „Köpfen" den Anfang gemacht haben.

Die Mitglieder des Teams haben nun auch eine Selbstbild-/Fremdbild-Einschätzung innerhalb des gestrigen Soziogramms, nachdem ich sie zu Beginn prognostizieren ließ, wie viele Karten sie wohl von jeder Position bekämen, und nun die realen Zahlen danebenstehen.

Nun ist es an der Zeit, sich das „System Team" und den Sinn jeder Rolle in diesem „Gruppenmobile" anzuschauen, gehe ich doch davon aus, dass jede Rolle eine wichtige Funktion in der Gruppen-Balance innehat.

Anhand eines Modells („Rollen in Gruppen") werden unterschiedliche notwendige Rollen deutlich, ohne die eine Gruppe nur schwerlich zu einem

7.1 Teamentwicklung „live"

Gleichgewicht findet: die unterschiedliche Führungsaufteilung, den eher instrumentellen Führer, der für die eher „väterlichen" Aufgaben zuständig ist, also Dynamik, das „Vorantreiben", sowie weiter der informelle Führer, der eher für die emotionale, also „mütterliche" Versorgung zuständig ist – die Analogie im Team. Ein Teilnehmer hat sechs Vertrauenskarten und wird bei problematischen Konstellationen gerne als Anlaufstelle genutzt, der Bezirksdirektor und sein Konkurrent erhielten je sechs Führungskarten: der Chef und die ihn kontrollierende Instanz. Weiter gibt es ein deutliches „emotives Epizentrum" unter den weiblichen Kollegen, eine Balance zu den instrumentellen Tugenden des anderen Teils der Gruppe.

Auch die Defizite werden systemisch deutlich: Ein Mangel an Kontakt und reeller Kommunikation, dafür steht seismographisch die Teilnehmerin ohne auch nur eine Karte sowie die Teilnehmerin mit sechs Konfliktkarten – also eine sogenannte „identifizierte Patientin = Sündenbock" – wie es in der „systemischen" Fachsprache so schön heißt. Dies ist nur in einer Gruppe möglich, in der es an einer konstruktiven Konfliktkultur mangelt.

Folglich zeigt dieses Ergebnis des Soziogramms noch einmal deutlich Ressourcen und Veränderungspotenziale dieses Teams auf.

Abschließend sei hierzu erwähnt, dass man die zugrunde liegenden Hypothesen des „Positiven Reframings – des positiven Umbilderns" –, also beispielsweise einer Teilnehmerin, die sechs Konfliktkarten erhält, als Seismografin für das Konflikt-, Auseinandersetzungsbedürfnis zu sehen, oder für eine Teilnehmerin, die keine Karten bekommt, dies als ein Indiz für das Kontaktbedürfnis in der Gruppe zu deuten – gerne infrage stellen mag.

Zweifelhaft ist der „Wahrheitsgehalt" dieses gedanklichen Axioms (wie jedes Axioms, das die „Wahrheit" zu ergründen sucht), unzweifelhaft hingegen – aus meiner Erfahrung – die integrative und gewinnbringende Wirkung für das Team und den einzelnen Mitarbeiter. Und das zählt für mich – die Wirkung des Tuns (ethisch formuliert wohl eine Entscheidung für eine „Verantwortungsethik" und folglich eine Absage an eine – wie auch immer geartete – „Gesinnungsethik").

Der dritte Tag steht nun zur Gänze im Zeichen des Transfers der gemachten Erfahrungen in den Alltag des beruflichen Miteinander. Hier gilt es, so konkret wie möglich Vereinbarungen unter den Mitarbeitern zu treffen, die überprüfbar und kontrollierbar sind – und schlussendlich vertragsähnlichen Charakter haben, d. h. verlässlich einzuhalten sind. Die Teilnehmer des Seminars kommen nun nach diesen zwei Tagen aus solch einer Flut von Erfahrungen miteinander, dass die Festschreibung von inhaltlich-konkretem Tun für den „ganz normalen Alltag" eine Überlebensfrage für die wertvollen Seminar-Erfahrungen ist. Hier ist die Wegscheide von einem „Psycho-Seminar" mit beeindruckenden Erfahrungen hin zu solid-seriöser Personalentwicklung, die sich immer an den Wirkungen im Alltäglichen messen lassen muss.

Also folgen nun Transferschritte; alle drei Kleingruppen bitte ich, nun folgende Fragen bzw. Aufgaben zu bearbeiten:

- Wie werde ich ab morgen Gruppen und Einzelne (z. B. mein Team und Mitarbeiter der Bank, in der ich tätig bin) beeinflussen aufgrund der hier gemachten Erfahrungen?
- Erarbeiten Sie fünf Ziele und Regeln für Ihre zukünftige Zusammenarbeit im Team!

Es erstaunt mich immer wieder, zu welch kreativen Feuerwerken Gruppen bei den Präsentationen imstande sind: Mit darstellerischer (Bilder etc.) Finesse gelang es den Gruppen, Inhaltliches zu vermitteln. Sehr viel Aufmerksamkeit verwendeten sie für die Beziehungen zu den so bedeutenden Mitarbeitern der Banken: Mit welchen Kontaktangeboten kann ich die Banker dafür gewinnen, aus „meinen" „unsere" Inhalte zu machen? Wie lassen sich Wertschätzung und Achtung in ganz konkreten Situationen beachten? Wie können wir uns eine fest definierte Zeit nehmen bei unseren Team-Treffs für unsere „Beziehungs-Ebene", sodass wir es in Zukunft vermeiden, Konflikte, Verletzungen, Missverständnisse auf der „Inhalts-Ebene" auszutragen und uns gegenseitig zu blockieren? Aus dem Pool der bearbeiteten Themen nur ein kleiner Abriss.

Im Plenum hatte das Team nun die Aufgabe, aus den Ergebnissen der Kleingruppen – die fünf Regeln und Ziele für die zukünftige Zusammenarbeit betreffend – ein Gesamtergebnis zu „destillieren". Ein Ergebnis ist die feste Regel, die regelmäßige Teamsitzung um mindestens 30, höchstens 60 Minuten Beziehungsklärung zu erweitern.

Jetzt kommt es zum Transfer-Endspurt: der „Rollenverhandlung".

Das Prozedere ist nochmals sehr intensiv, allerdings diesmal sehr inhaltlich orientiert; d. h., die Teilnehmer können nun für den Alltag „ernten", was sie hier sehr dicht und komprimiert miteinander erlebten.

Jeder Teilnehmer bekommt den ersten Bogen für die Rollenverhandlung in der Anzahl der Teammitglieder. Es ist seine Aufgabe, jedem Teammitglied einen solchen Bogen zukommen zu lassen, sodass schlussendlich jeder von jedem Teammitglied diesen Bogen in den Händen hält, inhaltlich enthält der Bogen folgende Kategorien:

Botschaften von …………….. an …………………:

7.1 Teamentwicklung „live"

1. Es würde mir helfen, meine eigene Effektivität zu steigern, wenn Sie Folgendes mehr oder besser machen würden:
2. Es würde mir helfen, meine eigene Effektivität zu steigern, wenn Sie Folgendes weniger oder nicht mehr tun würden:
3. Mit folgenden Verhaltensweisen haben Sie mir geholfen, meine Effektivität zu steigern, und ich hoffe, dass Sie sie in Zukunft beibehalten:

Die Teammitglieder, die aufgrund des alltäglichen Umgangs mehr miteinander zu tun haben, werden sich folglich auch wesentlich mehr Botschaften zukommen lassen – manchmal ist es überraschenderweise auch gänzlich anders, sodass gerade Teammitglieder Überschneidungen und Potenziale zum gemeinsamen Tun erkennen und entdecken, die bis dato latent blieben.

Alle arbeiten in großer Konzentration, sozusagen die „Ernte des Seminars einfahrend".

Nachdem alle ihre Bögen ausgefüllt haben, findet der „große Austausch" im Plenum statt, und im zweiten Schritt zieht sich wiederum jeder zurück, um die Botschaften auf einem Bogen zusammenzufassen:

Im letzten Schritt – dem krönenden Abschluss – haben die Teilnehmer die Aufgabe, mit mindestens zwei Personen zu einer schriftlichen Kooperationsübereinkunft zu kommen, besonders zu achten ist auf den Ausgleich zwischen den „Vertrags"-Partnern: Vertraglich soll jeder seinen Teil, den er dazu beiträgt, fixieren.

Um die Atmosphäre anschaulich zu machen: Die Teilnehmer „überziehen" die vereinbarte Zeit um mindestens zwei Stunden, so vertieft sind sie in die gemeinsamen Vereinbarungen, die bei Weitem nicht nur Paare betreffen, sondern auch Kleingruppen. Gemeinsame Projekte werden anvisiert und konkret die ersten „Steps" vereinbart; so mancher schließt sich mit einem Partner zusammen, der genau die gegensätzlichen Ressourcen aufweist: „Computerspezialist meets Marketing- oder Kontaktgenie" mit konkreten Austauschprojekten... Austausch und die Vorstellung der Verträge im Plenum sind der letzte Akt, um erschöpft in eine Abschlussrunde überzugehen: Dank für meine ruhig-spielerische und die Gruppe durch so manche Höhen und Tiefen „haltende" Trainer-Position; viel wichtiger: Die Gruppe dankt sich selbst und ihrer Führungskraft für diese Möglichkeit, sich selbst mit ihren ganz unterschiedlichen Ressourcen und Talenten zu entdecken und gestärkt in den Alltag zurückzukehren. Die anfangs notierten Ziele sind aus der Perspektive des Teams erreicht oder in greifbare Nähe gerückt: Sinnvoll wäre ein „Follow-up"-Termin, um die Verifizierung zu bestätigen und beim „Scheitern" zu überprüfen, wo die „Verhinderungspunkte" liegen.

Dies unterscheidet die „klassische" Unternehmensberatung, die – von außen kommend – eine „Meta-Analyse und -Strategie" präsentiert, von der „prozessorientierten": Wir wissen es nicht besser, sondern können unseren Partnern in den Unternehmen nur anbieten, sie bei der Zielentwicklung und während des Veränderungsprozesses sowie der Evaluierung kompetent zu begleiten: Erarbeiten werden sie ihre Analysen selbst.

In welchem Fall wird sich das Unternehmen, die Gruppe eher kompetent fühlen und selbstbewusst hinter den Ergebnissen der „Unternehmensentwicklung" stehen?

7.2 Start eines Veränderungsprozesses

▶ Veränderungen können erduldet oder aktiv befördert, aber nicht ignoriert werden. Die besonderen Fähigkeiten des „Change-Managements" können Manager nicht nebenbei erwerben. Erster Schritt für ein erfolgreiches Veränderungsprojekt ist die Bildung einer Koalition aus Führungskräften und Mitarbeitern: So können alle visionäre Gedanken entwickeln und zugleich die tägliche Kleinarbeit durchführen, die den Zielen Kontur und Gehalt geben. Prozess-, Team- und Konfliktmanagement sind wichtiger denn je – und die Fähigkeit, agieren statt reagieren zu können. Oft hilft ein externer Berater, Teams und Koalitionen zu bilden, um die eigenen Schwächen in Stärken zu verwandeln und den Erfolg des Change-Managements langfristig zu sichern. Wie ein Teamworkshop als Initialzündung für den Wandel wirken kann, wird hier am Beispiel eines Workshops mit Führungskräften und Mitarbeitern von Biogen Deutschland geschildert.

Seit Februar 1997 gibt es BIOGEN in Deutschland mit dem Firmensitz in Ismaning bei München. Die amerikanische Muttergesellschaft in Cambridge/Massachusetts besteht seit 22 Jahren und beschäftigt weltweit über 1000 Mitarbeiter. Die Tochter in Deutschland blickt auf die typische Karriere auf dem Boom-Sektor Biotechnologie zurück. Nach nur zwei Jahren errang Biogen einen führenden Marktanteil mit einem Produkt zur Behandlung einer chronischen Erkrankung. Der Aufbau einer eigenen Vertriebsschiene erfolgte in nur zwei Jahren. Heute steht Biogen Deutschland mit 43 Mitarbeitern vor dem typischen Dilemma aller Start-ups: Erfolge und Anforderungen wachsen schneller, als Zeit für den Aufbau von Organisationen und Kultur zur Verfügung steht. Mittlerweile ist die 'kritische Größe' erreicht, die klare Struktur und Führungsdefinitionen und eine professionelle Konflikt- und Feedbackkultur erforderlich macht. Das Credo des „Erst

7.2 Start eines Veränderungsprozesses

mal machen, dann mal schauen und erfolgreich sein", die hat sich überlebt: Die euphorische 'Wohngemeinschaftskultur" der Gründerzeit trifft auf harten Unternehmensalltag mit strenger Budgetierung und Verwaltung. War die Führungskultur bisher durch großzügiges „Laisser-faire" und viele Freiräume geprägt, stehen diese nun im Widerspruch zu strengen Aufgabenverteilungen und klarem Controlling. Rechtzeitig zog die Geschäftsführung die „Notbremse" und beauftragt einen externen Prozessbegleiter.

(K)ein Workshop ohne Tabus ... Ein Kick-off-Workshop soll die unausgesprochen Tabus und Konflikte ans Tageslicht bringen und die spezielle Vision mit Leben füllen: "Wie können Führungskräfte und Mitarbeiter von Biogen die Lebendigkeit einer kleinen Company mit den Strukturanforderungen eines wachsenden Großunternehmens vereinbaren, ohne in der "Stagnations-Kultur" einer Behörde oder eines Großkonzerns zu landen?"

Wie jedes professionell gesteuerte Veränderungsprojekt beginnt auch diese Prozessbegleitung mit der Ouvertüre: ein ausführliches Gespräch zwischen Beratern und Geschäftsführung, in dem die Berater klare Entscheidungen und deutliches Commitment verlangen. Was ist wirklich gewollt? Ein Workshop reiner Absichtserklärungen? Oder ein Workshop, der die "Weisheit" der gesamten Mitarbeiter nutzt: als Analyse der Unternehmenssituation aus unterschiedlichen Ebenen und Positionen? Nur so können notwendige Konflikte ausgesprochen und kontrollierbare Veränderungsprojekte umgesetzt werden.

Vom Wort zur Tat Vier Wochen später, nach Klärung aller Terminprobleme, treffen sich 50 Menschen beim ersten Kick-off-Workshop. Sie starten wortwörtlich in Trance: Trainer und Co-Trainer sprechen sozusagen als „innere Stimmen der hier versammelten Mitarbeiter". Mit ruhiger Stimme äußern sie alle relevanten Themen, Befürchtungen, Ängste und Hoffnungen. So provozieren sie einen hohen Grad an Aufmerksamkeit, mit der die wirklichen Fragen jenseits typischer „Workshop-Höflichkeiten" klar zur Sprache gebracht werden:

- Mit welchen Gedanken und Gefühlen komme ich her?
- Bin ich wirklich bereit, meinen Teil der Verantwortung für die Veränderungsprozesse zu übernehmen?
- Wie ist die Unternehmenskultur – und wenn es Missstände gibt, wie kann ich mich einbringen, um sie zu ändern?'
- Wie direkt ist die Kommunikation innerhalb des Unternehmens?
- Wie ist meine Rolle innerhalb meines Teams, meiner Abteilung?
- Wie steht es um Wertschätzung und Anerkennung?'
- Wie klar und konstruktiv werden Konfliktpunkte geäußert?

Nach dem Einstieg bittet der Trainer zum „Fishbowl":
Die Führungsebene setzt sich zusammen, die anderen Teilnehmer bilden einen Stuhlkreis um diese Personen. Nun spricht die Führungsriege über die zentralen Anforderungen im Veränderungsprozess, ganz so, als ob das Gespräch hinter verschlossenen Türen stattfände. Schon in dieser Phase ändert sich die Unternehmenskultur – scheinbar unmerklich: Bisherige Tabus werden angesprochen, die Wahrnehmung der Sprecher und Zuhörer wird geschärft. Im Innenkreis äußert das Top-Team seinen Unmut und gesteht auch seine Hilflosigkeit, mit der es in jüngster Zeit gegen Misstrauen ankämpfen muss. Schon jetzt ist zu spüren, dass viele Stereotype aufgelöst werden.

Dann wird der „Fishbowl" Schritt für Schritt erweitert:

Stets kommt ein Mitarbeiter aus dem „Außenkreis" hinzu, der seine Gefühle und Argumente frei zur Sprache bringt, nach Abklärung mit dem Führungsteam, dass keinerlei „Rabattmarken" geklebt werden:

Direktheit ist erwünscht und wird nicht insgeheim sanktioniert. Die Trainer greifen immer wieder kritisch ein: Existiert doch eine mehr oder weniger ausgeprägte „Angst-Kultur"?

Da sitzen nun ganz unterschiedliche Mitarbeiter und schildern ihre unterschiedlichen Perspektiven der Ist-Situation dieser Firma. Konflikte durch mangelnde Wertschätzung und massive Verständigungsschwierigkeiten werden nicht länger verschwiegen, sondern hör- und veränderbar. Die Führungskräfte können gar nicht anders – sie merken allzu deutlich: Hier sitzen hoch motivierte Menschen, die geradezu danach dürsten, bei dringend anstehenden Veränderungsprozessen aktiv mitzuwirken. Jetzt und sofort.

Was wäre, wenn Die Stimmung ist nun schon agil und gelöst. Nach kurzer Pause folgt der nächste Step:

Acht Kleingruppen analysieren anhand eines vorbereiteten Organisationsskriptes den „Ist-Zustand" ihrer Arbeitswelt:

- Wäre die Organisation eine Person, was für einen Charakter hätte sie dann?
- Wie kommt die Persönlichkeit der wichtigsten Führungskräfte bei der Organisation in der Atmosphäre zum Ausdruck?
- Welche Spiele und Gefühle sind erlaubt bzw. verboten?
- Ist die Organisation ein "gesunder" Ort für die Mitarbeiter und für die Kunden (Belohnung – Sanktionen, fördernde – hemmende Einflüsse)?
- Wohin wird sich die Organisation in fünf oder zehn Jahren entwickelt haben – unter Berücksichtigung der Trends des Marktes?
- Gib der Organisation einen Slogan (wir werden größer ...).

7.2 Start eines Veränderungsprozesses

- Wie stark sind die Fähigkeiten der Organisation zu lernen? Beispiele.
- Fertige eine Liste von Traditionen (heiligen Kühen) der Organisation an.
- Welche sind vernünftig, welche müssen verändert werden?
- Welche richtigen und welche falschen Entscheidungen wurden im letzten Jahr getroffen? Vermeidbar? Traditionsgebunden oder…?
- Ist die Organisation eine Gewinnerin, eine Verliererin oder funktioniert sie so lala?

In unterschiedlichen Räumen gehen die Teilnehmer hoch motiviert an die Arbeit: 50 Minuten Zeit waren angesetzt, aber schon bald bitten die Gruppen um mehr Bedenkzeit, zu vielfältig ist die Diskussion über die unterschiedlichen Perspektiven.

Die anschließenden Präsentationen zeigen deutlich, wie viele Gedanken gebündelt sind, wie viel Energie freigesetzt werden konnte:

Überraschend für die Unternehmensführung ist die Analyse-Schärfe. Markteinschätzung und Handlungsbedarf, Stärken und Schwächen des eigenen Bereichs werden genau auf den Punkt gebracht. In regelrechtes Erstaunen versetzen die Mitarbeiter ihre Führungsriege durch eine detaillierte Beschreibung der Konkurrenzstrukturen, der kommunikativen Tabus und der sich daraus ergebenden Schwierigkeiten, die sich top down auswirken und Blockaden auslösen.

Besonderen Anteil am Erfolg der Präsentation hat die Form der Darstellung: als Vernissage.

Die Mitarbeiter tingeln von Präsentation zu Präsentation. Schnell entwickeln sich Gespräche zwischen Menschen, die sich bis dato noch kaum kannten und sich plötzlich in einem kreativen Diskurs wiederfinden – zum Wohle der Organisation, in der sie gemeinsam arbeiten – und einen Großteil ihres Lebens verbringen.

Vorhang auf… für neues Denken Nach einer lebendigen Mittagspause zum Verdauen im doppelten Sinne müssen sich die Mitarbeiter in neuen Gruppen zusammenfinden:

Heraus aus den üblichen Arbeitszusammenhängen und hinein in neue Konstellationen. Nicht mehr nach Innen- und Außendienst getrennt! Ein spannender, gruppendynamischer Prozess beginnt, denn die Gruppen sollen sich ja selbstorganisiert finden. Da wird gerungen und scherzhaft konkurriert. Gerade in diesem humorvollen Setting lassen sich Spannungen und Blockaden gefahrlos ausdrücken. Ein erster Schritt zur Auflösung von zementierten Abteilungsstrukturen. Es bilden sich vier bunt gemischte Arbeitsgruppen aus Führungskräften, Innen- und Außendienst und allen sonstigen vertikalen Ebenen des Unternehmens.

Diese sollen nun, in Form eines „Business-Theaters", ihre Unternehmenswirklichkeit „projektiv" – also nicht analytisch, sondern andere Gehirnbereiche ansprechend – darstellen. Der Phantasie sind keine Grenzen gesetzt: als Schauspiel, Tragödie, Drama, Kabarett ...:

1. Akt: Unsere Zusammenarbeit gestern und heute
2. Akt: Unsere Zusammenarbeit ab morgen... unsere Vision ...

Jede Gruppe hat genug Zeit, um gemeinsam ihr Schauspiel zu entwickeln. Die Berater begleiten den Prozess nur beobachtend und suchen mal die eine, mal die andere Gruppe auf. Sie erleben, wie ehemalige „Streithähne" miteinander ein – im doppelten Sinne – phantastisches Szenario entwickeln. Das ist anstrengend. Auch der spielerische Zugang ist bei allem Amüsement kräftezehrend. Aber der lockere Umgang tut allen sichtlich wohl: Wunderbare Slapsticks entstehen, Aufregung herrscht und verbindet sich mit Ernsthaftigkeit.

Dann nähert sich der dramaturgische Höhepunkt des Tages:

Während des ersten Aktes lassen es sich die Mitarbeiter nicht nehmen, komödiantisch, sich selbst, ihre Führungskräfte und alle entstandenen kulturspezifischen Elemente dieser Firma ordentlich aufs Korn zu nehmen. Alte Konflikte können humorvoll-kreativ angesprochen werden. So manche Erstarrung löst sich leicht in einem Lachen auf.

Der zweite Akt:

Die Wucht der Metaphern ist erstaunlich: Vom Segel- bis zum Raumschiff, die verschiedensten Zukunftsszenarien zeigen allen das Bedürfnis nach Klarheit, Struktur und eindeutiger Übernahme von Führung.

Diese Aspekte werden keineswegs anklagend formuliert und dargestellt. Ganz im Gegenteil: konstruktiv und mit exakten Vorschlägen. Ein spannungsreicher Tag geht mit dem Tagesabschluss des Workshops keineswegs zu Ende. Die Nacht ist angefüllt mit Gesprächen über das am Tag Erlebte.

Menschen neu entdecken ... Der zweite Workshop-Tag beginnt. Gestern ist es spät geworden. Aber die bereits bekannte „Fishbowl"-Übung erhält sofort die notwendige Aufmerksamkeit. Die Führungskräfte sitzen wieder in der Mitte und reflektieren:

- Wie war der gestrige Tag für die Führungskräfte?
- Was muss heute noch passieren, damit sich wirklich etwas verändert?

Unbewusst geben die Führungskräfte im Gespräch das Lernfeld für das gesamte Unternehmen vor: Sie geben das Signal, wie viel Offenheit und Vertrauen gegeben und eingefordert werden kann. In nüchterner Transparenz äußern sie ihre Überraschung über die erstaunlichen Ereignisse und Ergebnisse des ersten Tages. Mit so viel Engagement hätten sie nicht gerechnet.

7.2 Start eines Veränderungsprozesses

Auch dieser Fishbowl wird wieder erweitert. Die Mitarbeiter schrauben ihre Erwartungen noch höher: Sie äußern das massive Bedürfnis nach konkreter und kontrollierbarer Umsetzung der Vorschläge zur Verbesserung der Unternehmenskultur und weiterem Kontakt- und Konfliktmanagement – auf dass keine schwelende Wunde übrig bleibt und die „letzten Leichen im Keller" ans Tageslicht kommen können ...

Die körperliche Müdigkeit aufgrund des Schlafdefizites schadet nun gar nichts, sondern nützt sogar. Auf der emotionalen Ebene sind Menschen im „müden" Zustand eher ansprechbar. Dann ist die Chance größer, dass die eine oder andere „innere Mauer" zu Fall kommt.

Geliebter Feind Während des nächsten Steps sucht sich jeder einen Konfliktpartner aus der Arbeitsgruppe. Innerhalb eines „nonverbalen Marktplatzes" – einem Stuhlkreis, in dem sich die gesamte Gruppe bewegt – steht jeder seinem Lieblingsfeind gegenüber und hält Augenkontakt. Die Berater streuen von außerhalb dieses „nonverbalen Marktplatzes" „Tranceinduktionen" ein.

Sie fragen mit ruhiger Stimme:

- Was nehme ich am anderen wirklich wahr?
- Was macht der andere genau, was bei mir welches Gefühl auslöst?
- Woran erinnert mich das?
- Womit konfrontiert mich mein Konfliktpartner wirklich, welchen „blinden Fleck" in mir spricht er unbewusst an?
- Was würde wohl passieren, wenn ich ihm konkret sage, wie es mir geht, wenn er dieses oder jenes konkret tut?
- Welche Synergie entstünde dann zwischen uns zum Wohle meiner Person, unser beider, der Gruppe und der Firma?

So entsteht wenig Sichtbares – und doch sehr viel. Es herrscht eine ruhige und nachdenkliche Stimmung, gerade recht für den nächsten Schritt:

Das „Konfrontations-Meeting" ist eine Übung, um Stereotype und Rollen- bzw. Gruppenverschreibungen gegensätzlicher „Lager" aufzuweichen und aufzulösen.

Auch in dieser Organisation finden sich klassische sich „feindlich" gesonnene Gruppen:

Führung, Innendienst, Außendienst. Diese Gruppen bearbeiten in getrennten Räumen folgende Fragen:

- Wie sehen wir uns – Stärken und Schwächen?
- Wie sehen wir die anderen – Stärken und Schwächen?
- Wie, glauben wir, sehen uns die anderen?

Nach der Bearbeitung folgt die Präsentation der Gruppe in bewusster Konfrontation:
> Eine Gruppe trägt am Flipchart vor. Die anderen Gruppen hören zu und dürfen nur bei Unklarheiten Fragen stellen. Durch die gleichermaßen selbstbewusste und selbstkritische Selbst- und Fremdeinschätzung, das exakte „Geheimwissen" über die Sichtweisen der anderen, lösen sich bereits während der Vorträge sehr viele Projektionen auf. Alle Teilnehmer sind sich am Schluss des zweiten Workshop-Tages einig: Es kommt Öl ins Kommunikationsgetriebe ...

Der Abschluss: Feinabstimmung Der abschließende dritte Tag steht ganz im Zeichen konkreter Umsetzung: Fünf Kleingruppen, die sich aus den Mannschaften des „Konfrontations-Meetings" zusammenfinden, sollen nun von der Konfrontation zur Kooperation übergehen.

Ihre Arbeitsaufträge lauten:

1. Ideen, die wir selbst realisieren können: Bestimmung der vier wichtigsten Ideen, Planung der genauen Umsetzung,
2. Lösungsideen, die nur gemeinsam mit der Führungsebene realisiert werden können: Festlegung auf die zwei wichtigsten Ideen und Erläuterung.

Jetzt ist Feinabstimmung angesagt:
> Wer macht was, mit wem, bis wann?

Anfang vom Anfang ... Langsam kristallisieren sich auch die übergreifenden Ziele und Projekte für die Zeit nach dem Kick-off-Workshop heraus:
> Es gilt, die Feedback- und Konfliktkultur mit genauer Teamentwicklung zu stabilisieren. In diesen Prozess sollen zunächst die Führungskräfte einsteigen, die Teams der Mitarbeiter sollen später folgen. Ein Nachfolge-Workshop zur „Kontrolle" dieser Maßnahmen wird bereits fest vereinbart.

Drei spannungsgeladene Tage enden mit einem „Abschlussritual":
> ohne Worte, mit Musik und viel Augenkontakt.

Man schaut sich in die Augen oder besser: kann sich wieder in die Augen schauen. Die wichtigste Wegstrecke steht noch bevor: Die „dritte" Ebene für gemeinsames Arbeiten bei gegenseitigem Respekt und Vertrauen wurde erkannt und gespürt: Jeder Teilnehmer weiß, wie viel die „anderen" zum Wohle aller einbringen können. Erkenntnis allein reicht natürlich nicht. Kein erreichter Standard bleibt aus sich heraus stabil. Ständig muss er aktualisiert, verändert und wieder neu erreicht werden. Aber der Anfang ist gemacht ...

Weiterführende Literatur

Bateson G (1995) Geist und Natur: Eine notwendige Einheit. Suhrkamp, Frankfurt
Maturana HR (2012) Der Baum der Erkenntnis: Die biologischen Wurzeln menschlichen Erkennens, Fischer, Frankfurt (Nachdruck)
Pinnow D (2011) Unternehmensorganisation der Zukunft: Erfolgreich durch systemische Führung. Campus, Frankfurt
Pinnow D (2012) Führen: Worauf es wirklich ankommt. Gabler, Wiesbaden
Watzlawick P (2001) Lösungen. Zur Theorie und Praxis menschlichen Wandels, 6. Aufl. Huber, Bern
Watzlawick P (2011) Menschliche Kommunikation: Formen, Störungen, Paradoxien, 2. Aufl. Huber, Bern

CPSIA information can be obtained at www.ICGtesting.com
Printed in the USA
LVOW05s2141040913

351056LV00002B/142/P